UNO-City
Donauturm
Donauinsel
D1670676
Prater
Donaukanal
Franz-Josefs-Kai
udolfsplatz
Salzgries
Marc-Aurel-Str.
Morzinpl.
Ruprechts-
kirche
Rabensteig
Griecheng.
Judeng.
Hoher
Markt
Bauernmarkt
Rotg.
Fleischmarkt
Heiligen-
kreuzer-
hof
Kramerg.
Rotenturmstr.
Sonnenfelsg.
Schönlaterng.
Post-
spar-
kasse
Georg-
Coch-
Pl.
Urania
Julius-
Raab-Pl.
ehemaliges
Kriegs-
ministerium
Bäckerstr.
Stephansplatz
Wollzeile
Stephans-
dom
Postg.
Dominikaner-
bastei
Biberstr.
Stubenring
MAK
Domg.
Blutg.
Singerstr.
Schulerstr.
Grünangerg.
Kumpfg.
Riemerg.
Stubenbastei
Weihburgg.
Hundertwasserhaus
Bezirksgrenze
Himmelpfortg.
Coburg-
bastei
Wienfluss
Johannesg.
Seilerstätte
Parkring
Stadtpark
Annag.
Schellingg.
1. Bezirk
Schwarzenbergstr.
Hegelg.
Johannesg.
Mahlerstr.
Schubertring
Beethoven-
platz
Lothringerstr.
Schwarzen-
bergplatz
Belvedere

Wir freuen uns über deine Meinung zum Reiseführer! Schick uns eine E-Mail an: info@lonitzberg.at
Unter allen Einsendungen verlosen wir monatlich – unter Ausschluss des Rechtswegs – ein Überraschungspäckchen.

Besuch uns auch im Internet: www.lonitzberg.at

Für Leopold, Sophie und Pia

1. Auflage 2012

www.lonitzberg.at

Text: Kristina Pongracz
Mitarbeit: Elke Wikidal
Illustrationen: Janosch A. Slama
Druck und Bindung: MHD-Media GmbH, Wien

ISBN: 978-3-9503094-2-3

Die Symbole bedeuten:

Adresse

U-Bahnlinie, Haltestelle

Straßenbahnlinie, Haltestelle

Autobuslinie, Haltestelle

Öffnungszeiten

€ *Es ist Eintritt zu bezahlen. / Der Eintritt ist frei.*

Internet-Adresse

Einen Gratis-Wienplan erhältst du bei der ***Tourist-Info:***

Albertinaplatz, Ecke Maysedergasse, 1. Bezirk (hinter der Staatsoper)

U1, U2, U4 *Karlsplatz*

1, 2, D *Kärntner Ring, Oper*

täglich 9:00 – 19:00 Uhr

Wien

für dich!

Der Reiseführer mit Comics und Rätseln

Hier siehst du die Porträts des berühmten Kaiserpaars Franz Joseph und Elisabeth.
Findest du das richtige Spiegelbild?

Inhaltsverzeichnis

Willkommen in Wien!

Wien ist die **Hauptstadt von Österreich** und auch die größte Stadt des Landes: **1,7 Millionen Menschen** wohnen hier.
Gleichzeitig ist Wien auch eines der neun Bundesländer – und zwar das kleinste. Trotzdem lebt fast jeder fünfte Österreicher in Wien.

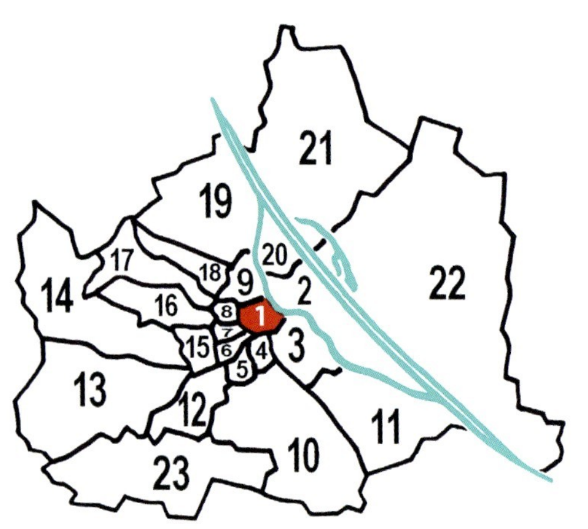

Wien hat **23 Bezirke:** Der 1. Bezirk heißt „Innere Stadt" und ist der älteste Teil von Wien. Er ist von der Ringstraße und dem Donaukanal umgeben. Rundherum schließen die Bezirke 2 – 9 an, die vom Gürtel und der Donau begrenzt werden. Und dann folgen die übrigen Bezirke.

Du wirst dich wahrscheinlich vor allem im 1. Bezirk aufhalten, denn hier befinden sich die meisten Sehenswürdigkeiten: der Stephansdom, die Ringstraße, die Hofburg und vieles mehr.

Wien ist als **Hauptstadt des ehemaligen Habsburgerreiches** eng mit der Geschichte der Kaiserfamilie Habsburg verbunden.

Am Ende des Mittelalters bekam die Stadt die Erlaubnis, den kaiserlichen **Doppeladler als Stadtwappen** zu führen. Die Wiener versahen ihn mit einem weißen Kreuz auf rotem Schild.

Nach der Auflösung des Kaiserreiches wollte man nicht mehr an diese Zeit erinnert werden – deshalb **musste der Doppeladler einen Kopf und die Krone abgeben.**

Du findest in Wien aber noch viele Doppeladler: Manche tragen das Wappen der Stadt Wien, die anderen das der Familie Habsburg.

Übrigens: Heute verwendet die Stadt Wien den Wappenadler sehr selten. Meistens siehst du nur das rote Schild mit weißem Kreuz.

Woher hat Wien seinen Namen?
Man nimmt an, dass Wien nach dem Wienfluss benannt wurde, der früher „Vedunia“ hieß (das bedeutete „Waldbach“). Daraus dürfte das Wort „Wenia“ und später der Name „Wien“ entstanden sein.

Wien ist 415 km² groß und weltweit eine der Städte mit dem höchsten Grünflächenanteil: 51 % der Stadtfläche sind Wälder, Gärten, Parks und landwirtschaftlich genutzte Flächen.

In Wien leben 279.000 Kinder und Jugendliche bis 16 Jahre.
Für die 225.000 Wiener Schüler stehen 631 Schulen zur Verfügung.

Wien zählt zu den Städten mit der höchsten Lebensqualität.
2011 erreichte Wien in einer Studie, in der 221 Städte verglichen wurden, zum dritten Mal Platz 1!

Name und Adresse deines Hotels:

Handynummern deiner Eltern/Mitreisenden:

Vorwahl Wien aus Österreich: 01
Vorwahl Wien aus dem Ausland: 0043/1
Vorwahl Deutschland: 0049
Vorwahl Schweiz: 0041
Feuerwehr: 122
Polizei: 133
Rettung: 144

Zeitreise: Vom Anfang bis heute

Es beginnt mit den Römern

Vor circa 2.000 Jahren reichte das Römische Reich bis zur Donau. Um diese Grenze gegen die Germanen zu verteidigen, bauten die Römer das **Militärlager Vindobona.**

Das Lager wurde **im Bereich des heutigen ersten Bezirkes** errichtet. Zum Schutz vor Feinden umgaben es die Römer mit einer **Verteidigungsanlage aus Mauern und Gräben.**

Neben dem Lager siedelten sich Handwerker, Händler und Wirte an.

Auch für die Familien der Soldaten wurde eine Siedlung gebaut.

Lange Zeit konnten die Römer die Grenze verteidigen. Doch in den Unruhen der Völkerwanderung gelang ihnen das nicht mehr: Um das Jahr 400 wurde **Vindobona** von durchziehenden Völkern **zerstört.**

Wien im Mittelalter

In den folgenden Jahrhunderten kamen verschiedene Völker hierher. Sie nutzten die Reste des römischen Lagers für eine **neue Siedlung.**

Die **Babenberger** wurden die Herrscher in Ostarrîchi, dem „Reich im Osten".

Herzog Leopold V. ließ eine **neue Stadtmauer** bauen. Damals lebten bereits so viele Menschen in Wien, dass der Platz innerhalb der alten römischen Mauer zu eng geworden war.

Deshalb vergrößerte man die Stadt: Die neue Mauer wurde ungefähr dort gebaut, wo sich heute die Ringstraße befindet.

Bald nachdem die Babenberger ausgestorben waren, übernahm Rudolf von Habsburg die Macht. Die **Habsburger** herrschten 640 Jahre lang in Österreich. Wien wurde die Hauptstadt ihres Reiches.

ca. Christi Geburt – ca. 400
Die Römer in Wien

976 – 1246
Herrschaft der Babenberger

1278
Beginn der Herrschaft der Habsburger

Wien wird belagert

1529 versuchten die Türken, Wien zu erobern. Doch es gelang ihnen nicht, und nach drei Wochen Belagerung zogen sie wieder ab.

Weil die Stadtmauer stark beschädigt war, wurde eine **neue Befestigungsanlage** mit Gräben, Mauern und Basteien (das sind Mauervorsprünge, auf denen man Kanonen aufstellen konnte) errichtet.

Als die **Türken 1683 Wien zum zweiten Mal belagerten,** hielt die Stadtmauer den Angriffen stand. Doch durch die lange Belagerung wurden die Lebensmittel knapp. Endlich, nach zwei Monaten, kam ein Hilfsheer und vertrieb die türkischen Truppen.

Doch nicht nur die Türken machten Wien zu schaffen – auch die **Pest** wütete wiederholt in der Stadt. Viele Wiener starben an der schrecklichen Seuche.

Eine Frau regiert das Land

Weil Kaiser Karl VI. keinen Sohn hatte, übernahm seine Tochter **Maria Theresia** die Regierung. Es war zu dieser Zeit nicht üblich, dass eine Frau regierte, und so erhoben einige europäische Herrscher Anspruch auf Teile Österreichs. Viele Jahre musste Maria Theresia ihr Reich verteidigen.

Sie führte **zahlreiche Neuerungen** ein: Die Folter wurde abgeschafft und die Schulpflicht für alle Kinder zwischen sechs und zwölf Jahren beschlossen.
Maria Theresia ließ zum ersten Mal die Wiener Bevölkerung zählen und die Häuser nummerieren – sie hoffte, dass es so einfacher wäre, Soldaten für den Krieg einzuberufen.
Die „Wiener Kleine Post" wurde gegründet. Weil es noch keine Briefkästen gab, machten sich die Briefträger mit lauten Klappern bemerkbar, und so bekamen sie den Spitznamen „Klapperpost".

1529 und 1683
Erste und zweite Türkenbelagerung

1679 und 1713
Die Pest in Wien

1740 – 1780
Regierungszeit von Maria Theresia

Wien – die Stadt der Musik

Von überall her kamen Menschen in die Hauptstadt des Kaiserreichs. Auch viele Musiker zog es nach Wien. Der bekannteste von ihnen war **Wolfgang Amadeus Mozart.** Und auch **Joseph Haydn, Ludwig van Beethoven** und **Franz Schubert** lebten hier.

Vor ungefähr 200 Jahren wurde ein neuer Tanz modern: der **Wiener Walzer.** Einige Zeit später komponierte der „Walzerkönig" **Johann Strauß** den berühmten **Donauwalzer.**

Der französische Herrscher **Napoleon** eroberte große Teile Europas. Auch in Wien marschierte er ein.

Als er besiegt war, fand der **Wiener Kongress** statt. Herrscher aus ganz Europa nahmen daran teil, um die Grenzen neu festzulegen. Für sie wurden viele Feste und Bälle veranstaltet, und so klagten die Leute: „Es geht nichts weiter, der Kongress tanzt nur."

68 Jahre Kaiser

Als **Kaiser Franz Joseph** die Regierung übernahm, war er erst 18 Jahre alt. Er heiratete die bayerische Prinzessin **Elisabeth,** die „Sisi" genannt wurde.

Franz Joseph ließ die Stadtmauer abreißen und an ihrer Stelle eine Prachtstraße bauen: die **Ringstraße.** Die Vorstädte und Vororte, die sich rund um Wien angesiedelt hatten, wurden eingemeindet.

Um 1900 war Wien eine der größten Städte der Welt! Mehr als zwei Millionen Menschen lebten hier. Einige waren sehr reich, doch ein großer Teil der Bevölkerung lebte in Armut.

Nach 68 Regierungsjahren starb Franz Joseph mitten im Ersten Weltkrieg. Er erlebte nicht mehr, wie sich das **Kaiserreich** nach dem Kriegsende **auflöste.** Das Gebiet wurde auf sieben Länder aufgeteilt. Eines davon war die **Republik Österreich** mit der **Hauptstadt Wien.**

1805 und 1809
Napoleon erobert Wien

1814 – 1815
Wiener Kongress

1848 – 1916
Regierungszeit von Franz Joseph

1914 – 1918
Erster Weltkrieg, danach Auflösung des Kaiserreichs

Vom Ersten zum Zweiten Weltkrieg

Es gab zu wenige Wohnungen, und die Mieten waren sehr hoch. Deshalb beschloss die Stadtregierung, selbst Wohnungen zu bauen und sie billig zu vermieten. Die **Gemeindebauten** entstanden.

Im Gegensatz zu den bis dahin üblichen Wohnungen, bei denen sich das Gemeinschafts-WC und die Bassena (eine öffentliche Wasserstelle) im Stiegenhaus befanden, hatte hier jede Wohnung einen eigenen Wasseranschluss und ein eigenes WC.

1938 marschierte **Adolf Hitler** mit seinen nationalsozialistischen Truppen in Wien ein. Österreich wurde dem Deutschen Reich eingegliedert.

Während der Nazi-Zeit wurden circa **65.000 österreichische Juden** in Konzentrationslagern ermordet.

Am Ende des Zweiten Weltkrieges erlitt Wien durch **Bombardierungen** schwere Kriegsschäden.

Das moderne Wien

Nach dem Zweiten Weltkrieg wurde Wien zehn Jahre lang von den Siegerländern verwaltet: Amerika, Russland, England und Frankreich teilten die Stadt in **vier Besatzungszonen.** Die Kriegstrümmer wurden beseitigt und die Stadt wieder aufgebaut.

In den folgenden Jahrzehnten entstand viel Neues:

- Wien bekam eine **U-Bahn,** die heute fünf Linien umfasst.
- Als Hochwasserschutz wurde die **Donauinsel** aufgeschüttet. Mit ihren Badestränden, Sportplätzen, Wäldern und Wiesen entwickelte sie sich zum beliebten Freizeitziel.
- Die UNO hat weltweit vier Hauptsitze – einer davon wurde in Wien errichtet: die **UNO-City.**
- Aus den ehemaligen Pferdeställen der Hofburg entstand das **Museums Quartier.**

Und es wird weitergebaut …

1939 – 1945
Zweiter Weltkrieg

1945 – 1955
Besatzungszeit

1979
Wien wird Sitz der UNO

Jeder Zeit ihre Kunst

Gotik

circa 1250 – 1500

Im Mittelalter entstanden Kirchen im Stil der Gotik, die höher als bisher üblich gebaut wurden. Die Kirchtürme ragen hoch in den Himmel und weisen zu Gott.

Auch die anderen Bauteile streben nach oben: die **hohen, schmalen Fenster mit den spitz zulaufenden Bögen,** die **kleinen Türmchen** und die feinen **Maßwerk-Verzierungen** (das sind die aus dem Stein herausgearbeiteten geometrischen Muster) an den Fenstern und Wänden.

kleine Türmchen ➤

hohe, schmale Spitzbogen-Fenster ➤

Maßwerk-Verzierungen ➤

Das Wahrzeichen von Wien: der Stephansdom

Barock

circa 1650 – 1750

Die nächste wichtige Bauzeit war das Barock. Adelige Familien errichteten Winterpaläste in der Stadt und Sommerschlösser mit weitläufigen Gärten außerhalb der Stadtmauer. Viele Kirchen wurden im Barockstil umgebaut.

Das Barock liebte Verzierungen: An den Fassaden der Gebäude findest du **viele Figuren, Säulen und anderen Fassadenschmuck.** Die Innenräume sind reich mit Stuck und Gold ausgestattet.

Das reich verzierte Belvedere

Historismus

circa 1860 – 1900

Gebäude aus dem Historismus können ganz unterschiedlich aussehen, aber sie haben eines gemeinsam: Sie **imitieren Baustile vergangener Zeiten.** Oft finden sich auch mehrere Stile an einem Gebäude.

Bei den großen Wohnhäusern erkennt man gut, in welchem Stockwerk die Hausbesitzer wohnten: Es ist am reichsten verziert und befindet sich meistens im ersten Stock.

Besonders prächtige Gebäude entstanden an der neu angelegten Ringstraße, und so bezeichnet man den Historismus in Wien auch als **Ringstraßenstil.**

Das Rathaus erinnert an eine gotische Kirche

Ein typisches Ringstraßen-wohnhaus im neu-barocken Stil

Jugendstil

circa 1895 – 1910

Um 1900 lehnten immer mehr Künstler die Nachahmung der alten Baustile ab. Sie wollten eine **neue, moderne Kunst** schaffen – der Jugendstil entstand.

Die Künstler entwickelten neuartige **Verzierungen aus goldenen und bunten Pflanzenmustern. Geschwungene Linien** sollten an Blumenstängel oder Baumstämme erinnern.

Die goldene Lorbeer-Kuppel der Secession

Das Mohnblumenmuster am Majolikahaus

So viel zu sehen!

Hier kannst du ankreuzen, was du schon gesehen hast und wie es dir gefallen hat.

gesehen		Cool!	o.k.	na ja ...
	Ringstraße:			
❑	Ringturm	❑	❑	❑
❑	Roßauer Kaserne	❑	❑	❑
❑	Börse	❑	❑	❑
❑	Votivkirche	❑	❑	❑
❑	Universität	❑	❑	❑
❑	Mölkerbastei	❑	❑	❑
❑	Rathaus	❑	❑	❑
❑	Burgtheater	❑	❑	❑
❑	Parlament	❑	❑	❑
❑	Naturhistorisches Museum	❑	❑	❑
❑	Kunsthistorisches Museum	❑	❑	❑
❑	Neue Burg	❑	❑	❑
❑	Oper	❑	❑	❑
❑	Museum für angewandte Kunst (MAK)	❑	❑	❑
❑	ehem. Kriegsministerium	❑	❑	❑
❑	Postsparkasse	❑	❑	❑
❑	Urania	❑	❑	❑
❑	Stephansdom	❑	❑	❑
❑	Hofburg	❑	❑	❑
❑	Kaiserappartements	❑	❑	❑
❑	Stock im Eisen	❑	❑	❑
❑	Pestsäule	❑	❑	❑
❑	Am Hof	❑	❑	❑
❑	Judenplatz	❑	❑	❑
❑	Hoher Markt	❑	❑	❑
❑	Basiliskenhaus	❑	❑	❑
❑	Heiligenkreuzerhof	❑	❑	❑
❑	Wohnturm aus dem Mittelalter	❑	❑	❑
❑	Schloss Schönbrunn	❑	❑	❑
❑	Tiergarten Schönbrunn	❑	❑	❑
❑	Belvedere	❑	❑	❑
❑	Karlskirche	❑	❑	❑
❑	Stadtbahnstationen am Karlsplatz	❑	❑	❑
❑	Secession	❑	❑	❑
❑	Jugendstilhäuser an der Wienzeile	❑	❑	❑
❑	Prater	❑	❑	❑
❑	Riesenrad	❑	❑	❑
❑	Hundertwasserhaus	❑	❑	❑
❑	UNO-City	❑	❑	❑
❑	Donauturm	❑	❑	❑
❑	Donauinsel	❑	❑	❑

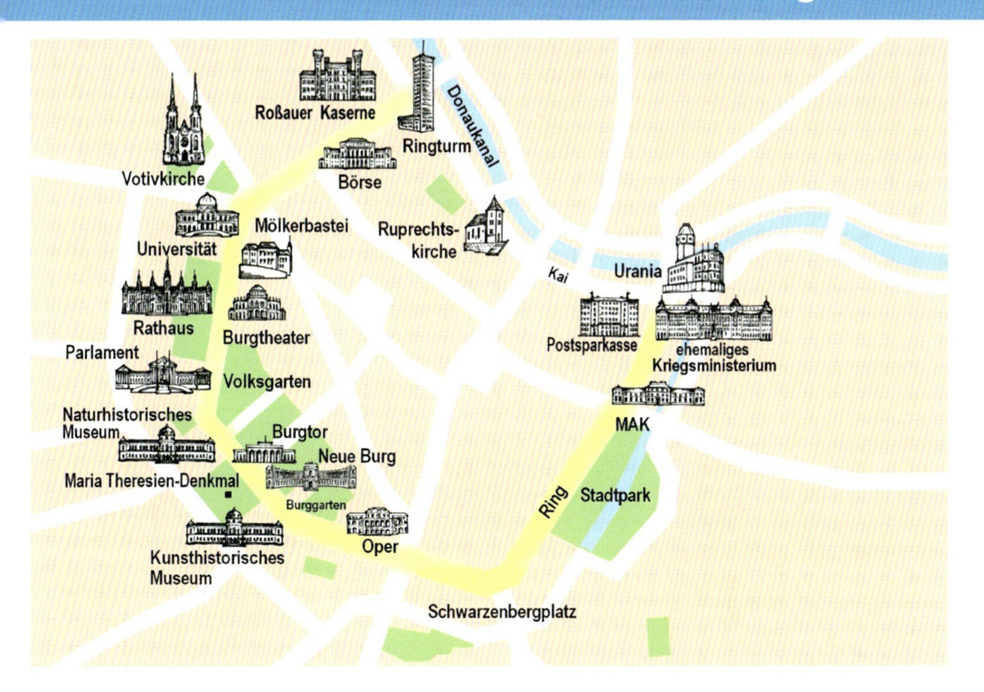

Viele Jahrhunderte lang war Wien von einer **Stadtmauer** umgeben. Vor circa 150 Jahren **befahl Kaiser Franz Joseph, die Mauer niederzureißen** und an ihrer Stelle die **Ringstraße** zu bauen.

???

Warum?

A: Die Stadtmauer war veraltet und bot keinen Schutz mehr.

B: Die früheren Vorstädte waren ein Teil von Wien geworden. Nun störte die Mauer.

C: Wien sollte zu einer modernen Großstadt werden und – so wie andere große Städte – eine Prachtstraße bekommen.

Die meisten Gebäude auf der Ringstraße sind im Stil des Historismus gebaut (➤ S. 13). So erinnert das Parlament an einen griechischen Tempel, das Rathaus und die Votivkirche sehen gotischen Bauten ähnlich.

Start- und Endpunkt:

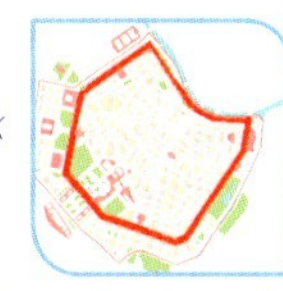

✉ *Schwedenplatz, 1. Bezirk*
Ⓤ **U1, U4** *Schwedenplatz*
🚋 **1, 2** *Schwedenplatz*

*Für eine Besichtigung fährst du am besten mit der Straßenbahn. Steig in die **Linie 1** ein **(Richtung: Stefan-Fadinger-Platz)** und fahr bis zur **Oper.** Dort steigst du in die **Linie 2 (Richtung: Friedrich-Engels-Platz)** um und fährst weiter, bis du wieder beim **Schwedenplatz** ankommst.*
Du kannst dazwischen natürlich immer wieder aussteigen und ein Stück zu Fuß gehen.

Ringstraße

Die **Ruprechtskirche** ist wahrscheinlich die älteste Kirche Wiens.
Sie ist dem heiligen Rupert geweiht, dem Schutzpatron des Salzbergbaus. In der Nähe der Kirche befand sich früher der Anlegeplatz der Schiffe, die Salz nach Wien brachten.

Der **Ringturm** wurde nach dem Zweiten Weltkrieg gebaut. Er hat 23 Stockwerke. Auf seinem Dach befindet sich eine 20 Meter hohe Wetterleuchtsäule, die mit 117 Leuchten das Wetter anzeigt.

Die **Börse** ist mit rötlichen Tonkacheln verkleidet. Aber: Die Wiener Börse befindet sich gar nicht hier – sie ist vor einigen Jahren in die Nähe der Hofburg gezogen. Seitdem sind in dem Gebäude vor allem Büros untergebracht.

???

Entdeckst du die Sehenswürdigkeiten auf deiner Fahrt um den Ring und den Franz-Josefs-Kai?
Dann kreuze sie an. ☒

Die Ecktürme und Zinnen der **Roßauer Kaserne** sollen an eine alte Festung erinnern. Als sie fertig war, stellte sich heraus, dass es viel zu wenige Toiletten gab! Sie mussten nachträglich eingebaut werden.

Die **Votivkirche** verdankt ihre Entstehung einem Mordversuch!
Während eines Spaziergangs wurde Kaiser Franz Joseph mit einem Messer attackiert. Der Attentäter konnte überwältigt werden, und zum Dank dafür wurde die Votivkirche gebaut.

Hier siehst du **Reste der ehemaligen Stadtmauer.** An dieser Stelle kam es während der zweiten Türkenbelagerung zu schweren Angriffen. Das **Denkmal** ist dem Bürgermeister dieser Zeit, **Andreas Liebenberg,** gewidmet.

Das **Burgtheater** spielte in Wien immer eine wichtige Rolle, und die Burgschauspieler wurden sehr verehrt.

Über den Fenstern des Mittelbaus siehst du die Köpfe von berühmten Schriftstellern, und auf dem Dach thront Apollo, der griechische Gott der Künste.

Der **Volksgarten** war – wie der Name verrät – schon während der Kaiserzeit für das Volk geöffnet. Er wurde von den Wienern gern besucht.

„Sisi"-Fans können hier aussteigen und das etwas versteckte Denkmal der Kaiserin Elisabeth suchen.

Die **Universität** wurde vor 650 Jahren gegründet und ist die älteste Uni im heutigen deutschen Sprachraum.

Ursprünglich befand sie sich natürlich nicht hier, denn das Gebäude wurde erst vor 130 Jahren errichtet.

Im **Rathaus** arbeiten der Bürgermeister und die Wiener Stadtregierung. Auf dem Turm siehst du den 3,4 Meter hohen Rathausmann.

Auf dem Rathausplatz gibt es je nach Jahreszeit einen Christkindlmarkt, einen Eislaufplatz, ein Freiluftkino und vieles mehr.

Im **Parlament** arbeitet die österreichische Regierung.

Weil die Demokratie ihren Ursprung in Griechenland hat, wurde es im neu-griechischen Stil gebaut. Die teilweise vergoldete Figur davor stellt Pallas Athene, die griechische Göttin der Weisheit, dar.

Das **Burgtor** ist etwas älter als die anderen Bauwerke auf dem Ring.
Die goldene lateinische Inschrift besagt, dass es unter Franz Josephs Großvater, Kaiser Franz, errichtet wurde.
Das Burgtor hat fünf Tore, von denen das mittlere früher für die kaiserliche Familie reserviert war.

Die **Neue Burg** ist der jüngste Teil der Hofburg. Sie wurde erst kurz vor der Auflösung des Kaiserreichs fertiggestellt – die Inneneinrichtung sogar erst danach.
Heute befinden sich hier die Nationalbibliothek und einige Museen.

Das **Naturhistorische Museum** geht auf das kaiserliche „Hof-Naturalien-Kabinett" zurück. Die Habsburger waren leidenschaftliche Sammler, und so besitzt das Museum 25 Millionen Objekte – darunter auch Dinosaurier-Skelette (➤ S. 66).

Das **Maria-Theresien-Denkmal** zeigt die berühmte Herrscherin auf dem Thron und rund um sie ihre wichtigsten Berater. Dahinter siehst du das MuseumsQuartier, in dem sich auch ein Kindermuseum befindet (➤ S. 66).

Schon wieder das Naturhistorische Museum? Nein – das Gebäude sieht zwar genauso aus, es ist aber das **Kunsthistorische Museum.**
Hier werden berühmte Gemälde und eine tolle Ägypten-Sammlung (mit Mumien!) gezeigt (➤ S. 66).

Im Gegensatz zum Volksgarten, zu dem die Wiener Zutritt hatten, war der **Burggarten** früher der Privatgarten der kaiserlichen Familie.
Beim Vorbeifahren kannst du einen kurzen Blick auf das Mozart-Denkmal werfen.

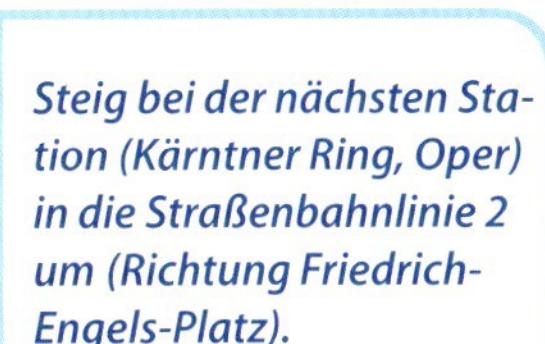

❶ ⇨ ❷

Steig bei der nächsten Station (Kärntner Ring, Oper) in die Straßenbahnlinie 2 um (Richtung Friedrich-Engels-Platz).
Die beiden Straßenbahnen halten an derselben Haltestelle.

Übrigens: Die Ringstraße war ein beliebter Treffpunkt der vornehmen Wiener. Sie gingen hier gern spazieren und trafen sich in den eleganten Kaffeehäusern.

Die **Staatsoper** ist eines der berühmtesten Opernhäuser der Welt.
Auf dem Dach befindet sich ein Zelt, in dem Opernaufführungen für Kinder stattfinden:
www.wiener-staatsoper.at

Hier öffnet sich der Ring zum **Schwarzenbergplatz.** In der Mitte siehst du das Denkmal des Feldherrn Karl Philipp Fürst zu Schwarzenberg. Am Ende des Platzes befindet sich der Hochstrahlbrunnen, der am Abend meist bunt beleuchtet wird.

Übrigens: Die Ringstraße ist **vier Kilometer lang** und **57 Meter breit.** Ungefähr **850 Gebäude** wurden hier errichtet. Circa ein Viertel davon wurde im Zweiten Weltkrieg durch Bomben zerstört und später wieder aufgebaut.

Der **Stadtpark** ist der größte Park an der Ringstraße. Hier gibt es einige Spielplätze und viele Denkmäler. Das berühmteste zeigt den vergoldeten „Walzerkönig" Johann Strauß.

Das Gebäude der **Österreichischen Postsparkasse** soll an einen Tresor erinnern. Es wurde von dem berühmten Jugendstil-Architekten Otto Wagner gebaut.
Das Denkmal davor stellt Georg Coch, den Gründer der Postsparkasse, dar.

Übrigens: Eigentlich ist der Ring gar kein Ring! Er hat die Form eines Hufeisens, und seine Enden werden durch den Franz-Josefs-Kai verbunden. Gemeinsam umschließen die beiden Straßen die Altstadt von Wien.

Im **Museum für angewandte Kunst (MAK)** werden Kunstgegenstände gezeigt, die für den täglichen Gebrauch hergestellt wurden: Möbel, Teppiche und Schmuck. Hier konnten sich Künstler, Handwerker und Fabrikanten Ideen für ihre Produkte holen.

Auf dem Dach des ehemaligen **Kriegsministeriums** sitzt ein riesiger Doppeladler: Er ist 16 Meter breit und 40 Tonnen schwer.
Heute sind in dem Gebäude mehrere Ministerien untergebracht – aber nicht das Verteidigungsministerium, denn das befindet sich in der Roßauer Kaserne.

Die **Urania** ist nach der griechischen Schutzgöttin der Sternkunde benannt, denn in ihrer Kuppel befindet sich eine Sternwarte. Hier finden auch Vorträge statt, außerdem gibt es ein Kino und von Herbst bis Frühling auch ein Kasperltheater.

Jetzt kommst du wieder zum Schwedenplatz. Hier steigst du aus – oder du steigst in die Linie 1 um und fährst noch eine Runde.

Kannst du dich noch an alle Sehenswürdigkeiten erinnern? Dann ordne die Ziffern den richtigen Bildausschnitten zu.

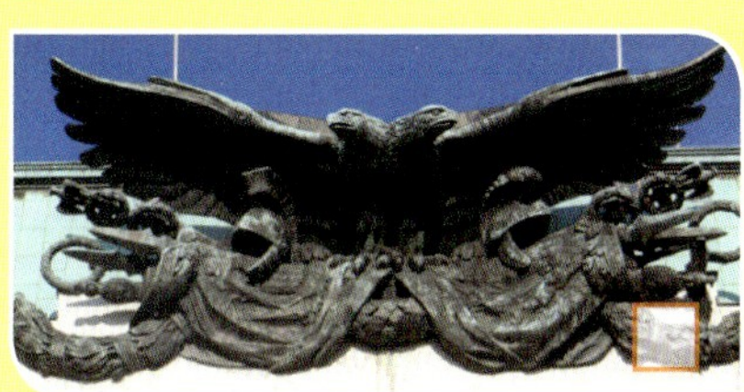

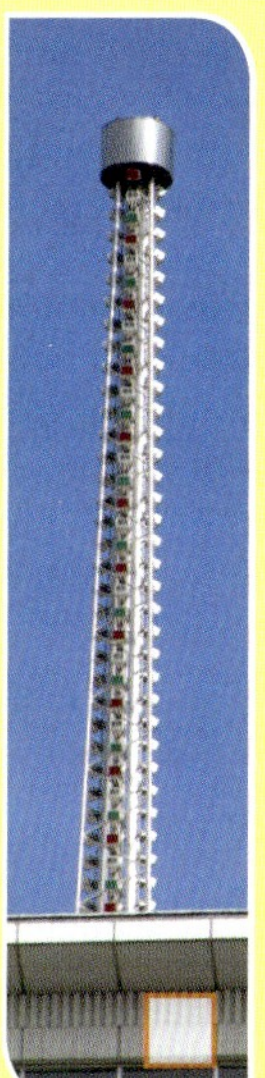

1 Burgtor
2 Ehemaliges Kriegsministerium
3 Naturhistorisches Museum
4 Parlament
5 Postsparkasse
6 Rathaus
7 Ringturm
8 Roßauer Kaserne
9 Votivkirche
10 Urania

Stephansdom

Der mittelalterliche Stephansdom ist das **Wahrzeichen von Wien.** Sein Bau begann vor mehr als 850 Jahren und dauerte mehrere Jahrhunderte. Auch heute wird noch gearbeitet: Es gibt immer etwas zu renovieren, und irgendwo steht sicher ein Baugerüst.

Der Stephansdom befindet sich **im Zentrum von Wien,** das heißt: im Zentrum des heutigen Wien. Als er gebaut wurde, war die Stadt noch viel kleiner, und die Kirche stand außerhalb der Stadtmauer. (Die Mauer befand sich gegenüber vom Haupteingang, ungefähr dort, wo jetzt die Häuser stehen.)

Der Dom ist dem **heiligen Stephan** geweiht.

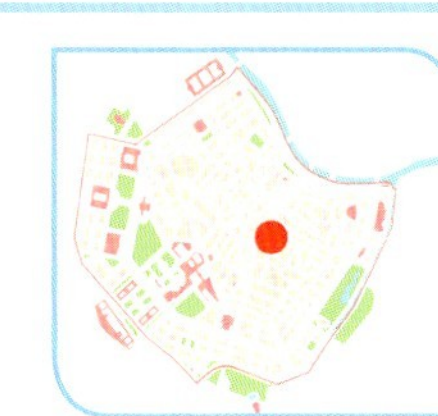

Stephansplatz, 1. Bezirk

U1, U3 *Stephansplatz*

Kirche geöffnet: *Mo – Sa 6:00 – 22:00 Uhr,*
So und Feiertag 7:00 – 22:00 Uhr

Besichtigung: *Mo – Sa 9:00 – 11:30 und 13:00 – 16:30,*
So und Feiertag 13:00 – 16:30 Uhr

Katakomben: *Zugang nur mit Führung möglich, Führungen nach Bedarf:*
Mo – Sa 10:00 – 11:30 und 13:30 – 16:30, So und Feiertag 13:30 – 16:30 Uhr

Südturm: *täglich 9:00 – 17:30 Uhr*

Nordturm:
Jan. – Juni täglich 8:15 – 16:30 Uhr
Juli – Aug. täglich 8:15 – 18:00 Uhr
Sept. – Dez. täglich 8:15 – 16:30 Uhr

€ *Kirche: Eintritt frei*

Ausführliche Besichtigung, Katakomben, Nordturm, Südturm: Eintritt

www.stephanskirche.at

Du startest beim ältesten Teil des Stephansdomes: dem **Riesentor** mit den beiden **Heidentürmen.** An der Mauer siehst du **steinerne Tiere.** Sie sollen das Böse darstellen, denn im Mittelalter glaubte man, dass überall böse Mächte lauerten und versuchten, in die Kirchen zu gelangen. Doch in der Torwölbung thront **Christus.** Er hindert alles Böse am Eindringen und empfängt die Gläubigen.

Links vom Riesentor siehst du zwei **Eisenstangen.** Das sind zwei alte Längenmaße: die große und die kleine Elle. Sie dienten den Tuch- und Leinenhändlern und ihren Kunden zur Kontrolle.

???

Was bedeutet der Kreis über den Stangen?

A: Er war das Geheimzeichen der Widerstandskämpfer im Zweiten Weltkrieg und steht als Abkürzung für „**Ö**sterreich".

B: Früher befand sich vor dem Riesentor ein Gitter. Es wurde mit einem Haken an der Kirchenwand befestigt, und im Lauf der Zeit ritzte der Haken den Kreis ein.

C: Der Kreis zeigt an, wie groß ein Laib Brot früher sein musste.

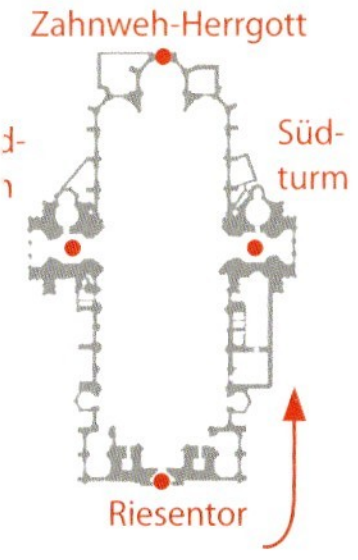

Der Rundgang führt dich gegen den Uhrzeigersinn um den Dom.

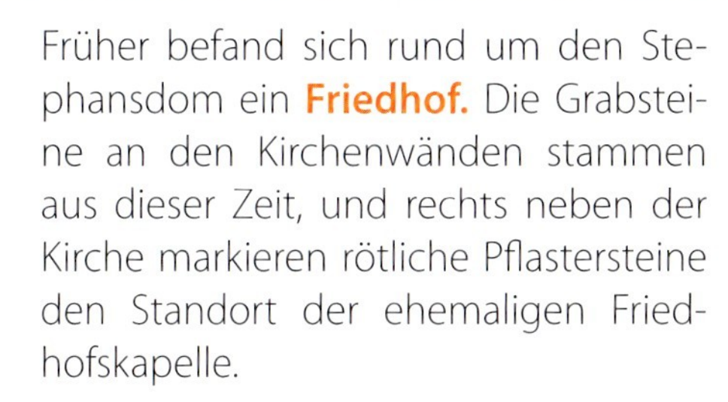

Früher befand sich rund um den Stephansdom ein **Friedhof.** Die Grabsteine an den Kirchenwänden stammen aus dieser Zeit, und rechts neben der Kirche markieren rötliche Pflastersteine den Standort der ehemaligen Friedhofskapelle.

Der **Südturm** ist 137 Meter hoch. 74 Jahre dauerten die Bauarbeiten, und als er im Jahr 1433 endlich fertig wurde, war er der höchste Turm Europas!

Wenn du fit bist, dann steig die 343 Stufen zur Türmerstube hinauf. Von dort siehst du, dass der Südturm ein perfekter Beobachtungsposten war: Feuer und andere Gefahren konnte man von hier oben schnell entdecken.

Übrigens: Während der zweiten Türkenbelagerung beobachtete der Wiener Stadtkommandant Ernst Rüdiger Graf von Starhemberg vom Südturm aus das türkische Heer. Das nach ihm benannte **Starhemberg-Bankerl,** an dem du auf dem Weg zur Türmerstube vorbeikommst, erinnert daran.

Wenn du weitergehst, kommst du zum **Zahnweh-Herrgott.** Die Figur, die du hier siehst, ist eine Kopie. Dem Original wirst du später im Dom begegnen.

Der **Nordturm** sollte eigentlich genauso hoch werden wie der Südturm.

Die Sage von **Hans Puchsbaum** erzählt, warum er nicht fertiggestellt wurde:

In Wahrheit war der Stil der Gotik, in dem die beiden Türme gebaut sind, in der langen Bauzeit unmodern geworden. Außerdem wollte man das Geld lieber für den Ausbau der Stadtmauer verwenden, denn man befürchtete einen Angriff der Türken. Zu Recht, denn einige Zeit später belagerten sie Wien.
So wurde dem unfertigen Nordturm nur ein kleiner Turmabschluss aufgesetzt, und darauf kam ein Doppeladler.

Im Nordturm hängt die größte und berühmteste Glocke Österreichs, die **Pummerin.** Sie wurde aus mehr als 200 Kanonen gegossen, die die Türken zurückgelassen hatten, nachdem sie zum zweiten Mal vergeblich Wien belagert hatten.
Am Ende des Zweiten Weltkrieges wurde der Stephansdom bei einem Brand stark beschädigt. Die Pummerin stürzte damals in die Tiefe und zersprang in tausend Stücke. Aus den Splittern wurde sie neu gegossen. Sie wird nur zu besonderen Anlässen geläutet, wie zu Neujahr, Ostern und Weihnachten.

???

Woher hat die Pummerin ihren Namen?

A: Ihr tiefer Ton klingt wie „Pumm".

B: Sie wurde von der Wiener Glockengießerei Pummer hergestellt.

C: Die türkischen Kanonen, aus denen die Glocke gegossen wurde, hießen „Pumma".

Im Stephansdom hängen **22 Glocken.** Früher, als noch nicht jeder eine eigene Uhr hatte, regelten die Kirchenglocken den Tagesablauf der Menschen: Es gab Glocken, die die Uhrzeit verkündeten, und andere, die die Gläubigen an den Gottesdienst erinnerten. Die „Arme-Seelen-Glocke" wurde bei Begräbnissen geläutet, die „Feuerin" bei Bränden und die „Bier-Glocke" zur Sperrstunde der Lokale.

Schau dir das gemusterte **Dach** an. Es besteht aus 230.000 bunten Ziegeln. Auch das Dach war nach dem großen Brand von 1945 zerstört und wurde neu gebaut – deshalb findest du hier (links vom Nordturm) die Jahreszahl *1950*.

Sind dir die **Tiere** aufgefallen, die aus dem Stephansdom „herauswachsen"? Sie sollen – so wie die Tiere beim Riesentor – das Böse darstellen. Aber sie haben auch eine Aufgabe.

???

Welche Aufgabe ist das?

Du gehst an den **Fiakern** vorbei – das sind die Pferdekutschen, die früher die „Taxis" der Wiener waren. Heute werden sie vor allem von Touristen benutzt.

Übrigens: Natürlich „müssen" die Pferde auch mal. Weil sich viele Wiener über die stinkenden Pferdeäpfel auf den Straßen beschwert haben, müssen die Pferde jetzt „Pooh-Bags" tragen – die sogenannten „Pferdewindeln".

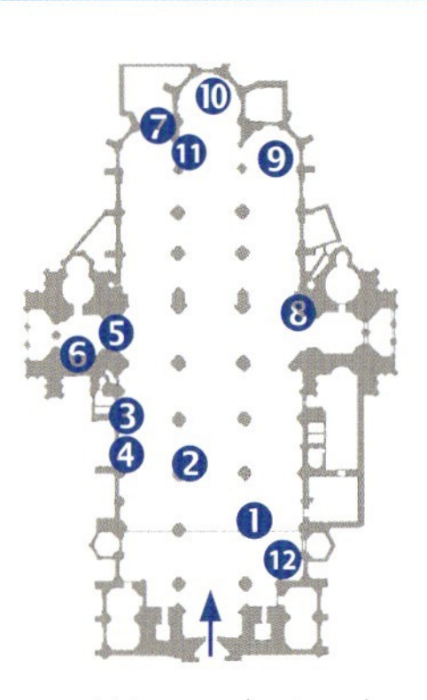

1 Heiliger Stephan
2 Kanzel
3 Meister Pilgram
4 Aufzug Nordturm
5 Katakomben
6 Zahnweh-Herrgott
7 Wr. Neustädter Altar
8 Dienstboten-Madonna
9 Grab von Friedrich III.
10 Hochaltar
11 Grab von Rudolf IV.
12 Maria Pócs

Wenn du in den Dom kommst, bist du wahrscheinlich von seiner Größe beeindruckt. Auf die Menschen im Mittelalter, die in kleinen, niedrigen Häusern wohnten, muss er noch viel mächtiger gewirkt haben.

Es wimmelt in der Kirche nur so von **Heiligenfiguren:** Mehr als 120 Heilige schauen von den Säulen herunter.
Sie sollten die Menschen beschützen. Jede Berufsgruppe hatte „ihren" Heiligen. Auch bei Krankheiten oder Gefahren konnte man den jeweils zuständigen Heiligen um Hilfe bitten.

???

Aber wie erkannte man die Heiligen?

A: Früher stellten die Priester in jeder Messe eine Heiligenfigur vor.

B: Man erkannte die Heiligen an den Gegenständen, mit denen sie dargestellt wurden.

C: Unter den Figuren waren früher Schilder mit den Namen der Heiligen angebracht.

❶ Auf der rechten Säule beim großen Gitter siehst du den **heiligen Stephan.** Er war ein Märtyrer (das heißt, dass er wegen seines Glaubens getötet wurde). Stephan wurde gesteinigt, und deshalb wird er meistens mit drei Steinen dargestellt.

❷ Geh links vor zum kunstvoll gestalteten Stiegenaufgang. Er führt zur **Kanzel,** von der der Priester seine Predigt hielt (leider kann man sie von hier aus nicht sehen). Frösche und Schlangen – die schon wieder das Böse darstellen sollen – kriechen das Geländer hinauf und wollen den Priester bei der Predigt stören.

❸ Schräg gegenüber an der Wand befindet sich ein **Balkon, auf dem früher eine Orgel stand.** Der Balkon wird – so sieht es zumindest aus – von einem Mann getragen. Der Zirkel und der Winkelmesser in seinen Händen verraten, dass es sich um einen Dombaumeister handelt. Und durch die Buchstaben *M.AP* und die Jahreszahl *1513* wissen wir, dass sich hier **Meister Anton Pilgram** dargestellt hat.

❹ Links davon befindet sich der Aufzug auf den Nordturm.

❺ Wenn du ein Stück weitergehst, kommst du zum Abgang zu den **Katakomben.**
Rudolf IV. ließ hier die **Herzogsgruft** einrichten, in der 17 Habsburger beigesetzt wurden. Später bewahrte man dort nur noch die Eingeweide der Habsburger auf, ihre Körper wurden dann in der Kaisergruft (➤ Orientierungsplan S. 1 und S. 37) bestattet.
Als der Friedhof, der sich rund um den Stephansdom befand, aus hygienischen Gründen gesperrt wurde, bestattete man die Toten 40 Jahre lang in den weitverzweigten Kellergängen unter der Kirche. Mehr als 11.000 Menschen fanden hier ihre letzte Ruhe. Dann wurden auch die Katakomben geschlossen, denn der Geruch der Toten drang bis in die Kirche hinauf.

❻ Neben dem Abgang zu den Katakomben befindet sich eine Christusfigur. Früher war sie an der Außenwand der Kirche angebracht – dort, wo du vorhin die Kopie gesehen hast.
Oft schmückten Gläubige die Dornenkrone auf Christus' Kopf mit einem Blumenkranz. Eine Legende erzählt, dass der Kranz einmal mit einem Tuch um den Kopf der Statue gebunden war. Das sahen drei junge Männer, und sie spotteten: „Der Herrgott hat Zahnweh!"
In derselben Nacht bekamen alle drei schreckliche Zahnschmerzen, die erst aufhörten, nachdem sie die Christusfigur um Verzeihung gebeten hatten. Seitdem wird die Statue von den Wienern **Zahnweh-Herrgott** genannt.

❼ Wenn du wieder zurückgehst, siehst du zum **Wiener Neustädter Altar.** Das ist ein sogenannter Flügelaltar – wie bei einer Schultafel kann man die Flügel auf- und zuklappen. Es gibt zwei Flügel auf jeder Seite: Wenn alle Flügel geschlossen sind, siehst du 24 Heilige vor dunklem Hintergrund. Wenn die zwei äußeren Flügel geöffnet sind, zeigen sich 48 Heilige auf goldenem Grund. Und wenn alle vier Flügel geöffnet sind, siehst du kunstvoll geschnitzte Szenen aus dem Leben der Gottesmutter Maria. Der Wiener Neustädter Altar kam erst lange nach seiner Entstehung in den Stephansdom. Davor stand er in Wiener Neustadt – daher kommt auch sein Name.

Wenn du die Kirche genauer ansehen willst, musst du eine Besichtigungsgebühr bezahlen und kannst dann Folgendes anschauen:

❼ Geh noch einmal zur **Kanzel** und schau sie dir von der anderen Seite an. Die Frösche und Schlangen kriechen weiter nach oben. Aber am Ende des Geländers werden sie von einem kleinen Hund vertrieben. So kann der Priester ungestört zu den Menschen sprechen.
Vier Kirchenlehrer sollen ihn bei seiner Predigt unterstützen. Ganz unten schaut noch ein fünfter Mann aus der Kanzel: Die Wiener nennen ihn **Fenstergucker,** und es ist der Baumeister der Kanzel, der sich hier selbst dargestellt hat – diesmal hat er als Werkzeug einen Zirkel. Wahrscheinlich ist es wieder Meister Pilgram (die Forscher sind sich da nicht ganz sicher).

❽ Jetzt geht's schräg durch die Kirche zur 700 Jahre alten **Dienstboten-Madonna.** Auch über sie gibt es eine Legende: Vor langer Zeit wurde ein Dienstmädchen von seiner Herrin des Diebstahls beschuldigt. Verzweifelt betete sie zur Marienstatue in der Hauskapelle. Und wirklich: Kurz darauf wurde ihre Unschuld bewiesen. Die Herrin schenkte die Statue daraufhin dem Stephansdom, und viele Dienstboten kamen seitdem und beteten zu ihr.

Übrigens: Ursprünglich war die Dienstboten-Madonna bunt bemalt, doch vom Rauch der Kerzen, die von den Betenden angezündet wurden, färbte sie sich ganz dunkel.

❾ Wenn du nach vorn gehst, kommst du zum **Grab von Kaiser Friedrich III.** Friedrich ist oben auf dem Sargdeckel dargestellt, mit Krone, Zepter und Reichsapfel. Links vom Sarg siehst du ein Foto davon.
Das Grabmal ist sehr kunstvoll gestaltet, und die Arbeiten daran dauerten 50 Jahre. Friedrich selbst erlebte die Fertigstellung nicht mehr. Er musste seinen Verwandten in der Herzogsgruft 20 Jahre lang Gesellschaft leisten, bis er endlich sein Grab beziehen konnte.

Übrigens: Friedrich setzte beim Papst durch, dass Wien einen Bischof bekam. Eine Bischofskirche heißt „Dom", und seit dieser Zeit nennt man die Stephans*kirche* auch Stephans*dom*.

❿ Wenn du nach links gehst, kommst du zum **Hochaltar.** Er ist relativ jung, denn er wurde „erst" vor circa 370 Jahren errichtet.

Warum wurde der alte Altar ersetzt?

A: Er war während einer Messe zusammengebrochen.

B: Er war von Holzwürmern zerfressen worden.

C: Der neue Altar war ein Geschenk von Kaiser Leopold I.

Der Altar ist wie ein alter Hauseingang aufgebaut: Stufen führen zum Eingangstor, vor dem vier Wächter stehen: die Heiligen Sebastian (von Pfeilen durchbohrt), Leopold (mit österreichischer Fahne und einer Kirche), Florian (mit Wassereimer zum Feuerlöschen) und Rochus (er hebt seinen Mantel, um die Pestbeulen auf seinem Oberschenkel zu zeigen). Das Altarbild zeigt die Steinigung des heiligen Stephan und darüber Jesus, der im Himmel auf ihn wartet.

???

Entdeckst du den Mann mit dem Hund?

Man glaubt, dass sich der Maler da selbst gemalt hat.

Übrigens: Unter dem Hochaltar verbirgt sich eine besonders wertvolle Reliquie (das ist ein Körperteil eines Heiligen oder ein Gegenstand, der ihm gehörte): ein Teil vom **Schädel des heiligen Stephan**.

❼ Wenn du links weitergehst, kannst du den **Wiener Neustädter Altar** aus der Nähe ansehen.
Siehst du die acht kleinen, vergoldeten Fenster unten am Altar? Und erkennst du die Buchstaben **AEIOU** über den beiden mittleren Fenstern? Das ist die Abkürzung für den Wahlspruch von Kaiser Friedrich III. Leider weiß man aber heute nicht mehr, wie er lautete. Vielleicht: „**A**lles **E**rdreich **i**st **Ö**sterreich **u**ntertan"?

⓫ Rechts neben dem Altar befindet sich das **Grabmal von Rudolf IV. und seiner Frau Katharina.** Aber: Es ist leer. Rudolf war ja der Gründer der Herzogsgruft, und deshalb wurde er auch dort bestattet. Das Grabmal hier soll nur an ihn erinnern.

⓬ Bevor du den Dom verlässt, schau dir links vom Ausgang das Bild der **Maria Pócs** an – es heißt so nach dem ungarischen Ort Pócs, aus dem es stammt. Das Besondere daran ist, dass aus den Augen der Maria vor etwas mehr als 300 Jahren echte Tränen geflossen sein sollen!

Hofburg

Alles begann im Mittelalter, als hier eine Burg mit Türmen und Burggraben errichtet wurde. Im Lauf der Jahrhunderte bauten die Habsburger viele neue Gebäude dazu, und so wurde die Hofburg immer größer.

Mehr als 600 Jahre lang war sie der Wohnsitz der Habsburger – bis das Kaiserreich nach dem Ersten Weltkrieg aufgelöst wurde.

Start- und Endpunkt:

Michaelerplatz, 1. Bezirk

U3 Herrengasse

Kaiserappartements und Sisi-Museum:

Sept. – Juni	*täglich 9:00 – 17:30 Uhr*
Juli – Aug.	*täglich 9:00 – 18:00 Uhr*

Letzter Einlass: eine Stunde vor Schließung

€ *Kaiserappartements und Museen: Eintritt*

www.hofburg-wien.at

???

Die folgenden Begriffe haben mit der Hofburg zu tun. Findest du sie?

R	F	R	H	T	E	B	A	S	I	L	E	Z
E	R	E	N	A	Z	Z	I	P	I	L	S	T
M	A	R	I	A	T	H	E	R	E	S	I	A
M	N	E	K	U	F	A	S	O	J	N	S	L
A	Z	G	A	A	A	R	P	I	D	E	I	P
K	J	R	H	A	I	O	A	E	T	U	M	N
Z	O	U	E	P	L	S	R	N	R	E	U	E
T	S	B	I	D	E	B	E	N	Z	B	S	D
A	E	S	U	S	U	S	U	R	E	U	E	L
H	P	B	U	R	G	T	O	R	R	R	U	E
C	H	A	G	E	I	N	T	J	E	G	M	H
S	C	H	W	E	I	Z	E	R	H	O	F	E

Burgtor
Elisabeth
Franz
Franz Joseph
Habsburger
Heldenplatz
In der Burg
Joseph
Kaiser
Leopold
Lipizzaner
Maria Theresia
Neue Burg
Schatzkammer
Schweizerhof
Sisi Museum

Wir starten auf dem **Michaelerplatz.** Vor dir befindet sich der Eingang zur Hofburg: das **Michaelertor.** Vier Statuen stellen den römischen Helden **Herkules** dar. Er hat der Sage nach viele Heldentaten bestanden und soll die Stärke des Kaiserhauses symbolisieren.

Habsburgs Feinde sind auch meine Feinde!

Wenn du durch das Tor gehst, stehst du unter der hohen **Michaelerkuppel.** Auf der rechten Seite befindet sich der Eingang in die **Kaiserappartements:** Dort kannst du sehen, wie Kaiser Franz Joseph und Kaiserin Elisabeth gewohnt haben. (Wenn du auch das Schloss Schönbrunn besichtigen willst, dann kauf das „Sisi-Ticket".)

tiPP

Am Wochenende und in den Wiener Schulferien gibt es Kinderführungen.
(Infos unter www.kaiserkinder.at)

Falls du die Kaiserappartements nicht besichtigst, gehst du geradeaus weiter, bis du zum Heldenplatz kommst. Lies dann auf S. 35 weiter.

Wenn du die Kaiserwohnungen besuchst, gelangst du über die Kaiserstiege zunächst zu einem **Modell der Hofburg,** an dem du sehen kannst, aus wie vielen Gebäuden die Burg besteht. Es handelt sich dabei um einen alten Entwurf. Nicht alles, was du hier siehst, wurde wirklich gebaut.

???

Wie viele Räume, schätzt du, gibt es in der Hofburg?

A: circa 1.600

B: circa 2.600

C: circa 3.600

Du kannst erkennen, welches die ältesten Teile der Hofburg sind: Weil das alte Heizsystem viele Rauchfänge brauchte, sind die Gebäude mit den meisten Schornsteinen auch die ältesten.

Der Weg führt dich zuerst durch das **Sisi-Museum,** in dem du viel über das Leben der Kaiserin Elisabeth erfährst.

Dann geht es in die **Wohnung von Kaiser Franz Joseph.** Im **Vorraum (1)** bewachte die Leibgarde den Eingang zu seinen Räumen. Früher betrat man den Vorraum durch die Tür auf der rechten Seite. Dahinter befindet sich die Kaiserstiege, über die du heraufgekommen bist.

Kaiser Franz Joseph hielt zweimal pro Woche General-Audienz, da konnte jeder Untertan bei ihm vorsprechen. Man meldete sich an, bekam einen Termin, und dann wartete man im **Audienzwartesaal (2).**

Da das Kaiserreich sehr groß war, kamen hier Menschen aus vielen verschiedenen Regionen zusammen.
Die drei riesigen Bilder erzählen aus dem Leben von Kaiser Franz I. (das war der Großvater von Franz Joseph).
Zu der Zeit, als die Bilder gemalt wurden, wollten sich die Herrscher „volksnah" zeigen, deshalb ließ sich Franz inmitten der vielen Leute malen. ???

Entdeckst du ihn auf den drei Bildern?

Wenn man aufgerufen wurde, betrat man das **Audienzzimmer (3).** Franz Joseph stand hinter dem Stehpult, auf dem du die Audienzliste vom 3. Januar 1910 siehst – das heißt einen Teil davon, denn Franz Joseph empfing pro Vormittag viel mehr Personen. ???

Wie viele Audienzen gab er durchschnittlich an einem Vormittag?
A: 20 B: 50 C: 100

Die Räume wurden für Franz Joseph und Elisabeth neu eingerichtet. Du siehst, was damals modern war: rote Stofftapeten, weiße Zimmerdecken mit Gold-Dekorationen und weiß-lackierte Möbel mit goldenen Verzierungen und rotem Stoffbezug.
Eigentlich war das aber gar nicht neu. Man imitierte den Stil, der schon zur Zeit Maria Theresias (der Urgroßmutter Franz Josephs) modern gewesen war.

Im **Konferenzzimmer (4)** beriet sich Franz Joseph mit seinen Ministern.
Hinter der geöffneten Tür befindet sich die **Garderobe.** Franz Joseph besaß sehr viele Uniformen, und er empfing ausländische Ehrengäste stets in der Uniform ihres Landes. „Normale" Kleidung hingegen war ihm nicht wichtig. Sein Leibkammerdiener Eugen Ketterl berichtete, dass die Garderobe des Kaisers „mehr als dürftig" war!

Franz Joseph nahm seine Aufgabe als Kaiser sehr ernst und verbrachte jeden Tag viele Stunden in seinem **Arbeitszimmer (5).** Vor dem Schreibtisch ließ er sein Lieblingsbild von Elisabeth aufstellen. Es ist – wie auch das Elisabeth-Porträt an der Wand – ein sehr privates Bild, denn alle anderen Gemälde zeigen die Kaiserin in eleganter Kleidung und mit kunstvoller Frisur.
Durch eine kleine Tür siehst du in das **Zimmer des Leibkammerdieners Eugen Ketterl.**

Franz Joseph legte keinen Wert auf Luxus, und so ist sein **Schlafzimmer (6)** für einen Kaiser recht einfach möbliert. Er hatte auch kein Badezimmer. Abends wusch er sich an dem Waschtisch, den du hier siehst.

???

Und morgens?

A: Da kam der „Badewaschler" mit einer Gummibadewanne, die hier mit Wasser gefüllt wurde.

B: Morgens wusch sich Franz Joseph im ältesten Brunnen der Hofburg im nahegelegenen Schweizerhof.

C: Damals war es üblich, sich nur abends zu waschen.

Der **Große Salon (7)** war das offizielle Wohnzimmer von Franz Joseph. Er benutzte es aber nur für Familienbesuche, denn er verbrachte ja den ganzen Tag in seinem Arbeitszimmer.

Der **Kleine Salon (8)** wurde als Rauchzimmer verwendet. Das Bild rechts an der Wand zeigt den jüngeren Bruder Franz Josephs, Maximilian.
Hinter dem Vorhang neben der nächsten Tür befindet sich eine Klingel, und darüber steht: „Kammer Weiland Ihrer Majestät der Kaiserin und Königin", denn nun folgen die Räume Elisabeths.

Bis jetzt hast du dich im sogenannten **Reichskanzleitrakt** befunden. Nun verlässt du diesen Teil der Hofburg und begibst dich über drei Stufen in die ältere **Amalienburg.**

Du befindest dich in Elisabeths **Wohn- und Schlafzimmer (9).** Ihr Bett steht mitten im Zimmer und wirkt recht einfach – zu Elisabeths Zeit war es sehr modern.

Elisabeth galt als eine der schönsten Frauen ihrer Zeit. Sie verwendete einen Großteil des Tages für ihre Schönheitspflege und verbrachte viele Stunden in ihrem **Toilette- und Turnzimmer (10).** Während der langen Zeit, die das Frisieren dauerte, ließ sie sich vorlesen oder nahm Sprachunterricht. Ihr Lehrer saß an dem Tisch neben dem Frisierstuhl.

Um fit zu bleiben, turnte Elisabeth jeden Tag. Das war zur damaligen Zeit unüblich und sorgte bei Elisabeths Hofstaat für Verwunderung.

Du siehst die Ringe, das Reck und die Sprossenwand.

Übrigens: Elisabeth hatte noch einen zweiten Turnsaal, der mit größeren Turngeräten ausgestattet war. Er ist aber nicht mehr erhalten.

In Elisabeths Wohnung gab es auch – ganz modern für die damalige Zeit – einen „geruchlosen Bequemlichkeits-Ort nach englischer Art": So wurde früher das **WC** genannt. Elisabeth hatte auch ein eigenes **Badezimmer (11).**

Die folgenden zwei Räume waren Elisabeths **Ankleidezimmer (12–13).** Die exotische Landschaft wurde schon früher von Johann Bergl, einem Lieblingsmaler Maria Theresias, gestaltet. Elisabeth sah davon aber nicht viel, denn die Wände waren mit Kleiderschränken verstellt.

Findest du den weißen Hasen?

Ihre Gäste empfing Elisabeth im **Kleinen (14) und Großen (15) Salon.** Der gedeckte Tisch im Großen Salon soll daran erinnern, dass Franz Joseph und Elisabeth hier manchmal gemeinsam frühstückten.

Jetzt kommst du in Elisabeths **Vorzimmer (16).** Früher betrat man es über die Adlerstiege, die sich hinter der gegenüberliegenden Tür befindet.

Übrigens: Heute gehört die Adlerstiege zum Büro des Bundespräsidenten. Der Eingang wurde aus Sicherheitsgründen zugemauert.

Fällt dir auf, dass die Personen auf den Bildern ganz anders aussehen als alle anderen, die du bisher in der Hofburg gesehen hast? Sie stammen aus einer früheren Zeit, als Perücken und Reifröcke modern waren: Es sind Kinder von Maria Theresia.

Die Besichtigung schließt mit drei Zimmern ab, die für Empfänge und Festessen verwendet wurden.

Im letzten Raum, dem **Speisesaal (19),** fanden Familienmahlzeiten, aber auch offizielle Diners statt. Die waren eine ziemlich steife Angelegenheit: Franz Joseph saß in der Mitte, neben ihm die Gäste nach ihrem Verwandtschaftsgrad oder Rang geordnet, immer Herr und Dame abwechselnd. Man durfte sich nur mit seinen Tischnachbarn unterhalten. Ein Diner bestand aus neun bis 13 Gängen – es dauerte aber höchstens 45 Minuten.

???

Wozu dienten die kleinen silbernen Schüsselchen neben den Tellern?

A: Sie wurden mit Salz gefüllt. Jeder Gast hatte sein eigenes Salzschälchen.

B: Sie waren für Weintraubenkerne gedacht.

C: Sie wurden mit duftenden Rosenblättern gefüllt.

Wenn du die Kaiserappartements verlassen hast, kommst du auf den Ballhausplatz. Geh nach links zum **Heldenplatz.** Du gehst den **Leopoldinischen Trakt** entlang, der unter Kaiser Leopold I. gebaut wurde. Heute hat hier der Bundespräsident sein Büro.

Du siehst ein großes bogenförmiges Gebäude: die **Neue Burg.** Sie ist der jüngste Teil der Hofburg und wurde erst kurz vor dem Ende des Kaiserreiches fertiggestellt.

Heute sind in der Neuen Burg die **Nationalbibliothek** und mehrere Museen untergebracht, darunter die **Hofjagd- und Rüstkammer** und das **Museum für Völkerkunde.**

(Infos unter www.khm.at/sammlungen und www.ethno-museum.ac.at)

In der Mitte des Platzes befinden sich die beiden Helden, nach denen der Platz benannt ist:

Das Denkmal vor der Neuen Burg zeigt **Prinz Eugen von Savoyen,** einen der berühmtesten Feldherrn Österreichs.

Und das zweite Denkmal zeigt **Erzherzog Karl,** der gegen Napoleon kämpfte. Sein Pferd steht nur auf den Hinterbeinen. Das war damals eine Sensation, denn es ist sehr schwierig, das ganze Gewicht – 17 ½ Tonnen! – auf nur zwei Punkten auszubalancieren. Damit das gelang, griff der Künstler zu einem Trick: Der vordere Teil des Denkmals ist hohl und daher nicht so schwer.

Du hast die Hofburg durch das Michaelertor betreten. Jetzt siehst du den zweiten großen Eingang: das **Burgtor,** das sich an der Ringstraße befindet. Die beiden Gebäude dahinter mit den hohen Kuppeln sind das Kunsthistorische und das Naturhistorische Museum.

Wenn du durch den Durchgang am Ende des Leopoldinischen Traktes gehst, kommst du in einen großen Innenhof. Er heißt – ganz logisch: **In der Burg.**

Das Denkmal zeigt **Kaiser Franz I.** als römischen Herrscher. Die Habsburger ließen sich gern in römischem Gewand darstellen, denn sie sahen sich als Nachfolger der römischen Kaiser.

Auf der linken Seite siehst du wieder den Leopoldinischen Trakt, hinter dem Denkmal befindet sich die Amalienburg und rechts davon der Reichskanzleitrakt. Wenn du in den Kaiserappartements warst, kommen dir diese Namen wahrscheinlich bekannt vor. Die Appartements befinden sich nämlich hinter den Fenstern im 2. Stock: Im Reichskanzleitrakt war die Wohnung von Franz Joseph und in der Amalienburg die von Elisabeth.

Kaiser Franz blickt zum ältesten Teil der Hofburg: dem **Schweizertor** mit dem dahinterliegenden **Schweizerhof.**

Welche Bedeutung haben die beiden Kugeln links und rechts über dem Torbogen?

A: Es handelt sich um Kanonenkugeln, die während der zweiten Türkenbelagerung auf Wien geschossen und zur Erinnerung hier eingemauert wurden.

B: Früher befand sich hier eine Zugbrücke. An den Kugeln waren die Ketten befestigt, mit denen man die Brücke hochziehen konnte.

C: Die Kugeln sind ein Bestandteil des Wappens von Kaiser Ferdinand I., der das Schweizertor errichten ließ.

Übrigens: Tor und Hof haben ihren Namen von der Schweizergarde. Das waren Soldaten aus der Schweiz, die früher hier Wache standen. Heute macht die Schweizergarde nur noch beim Papst im Vatikan Dienst.

Im Schweizerhof befindet sich die **Burgkapelle,** in der die berühmten Wiener Sängerknaben in der Sonntagsmesse singen. (Für die Messe braucht man Tickets, Infos unter www.hofburgkapelle.at)

Unter dem Eingang zur Kapelle führt eine Panzertür in die **Schatzkammer** (Infos unter www.khm.at/sammlungen). Hier werden die wertvollsten Schätze der Habsburger aufbewahrt: zum Beispiel zwei kostbare Kaiserkronen und das Horn eines Einhorns! (Zumindest hielt man es früher dafür – heute weiß man, dass es der Stoßzahn eines speziellen Wales ist.)

Ein Durchgang führt zum **Josefsplatz.** Schau dir das Denkmal in der Mitte des Platzes an. Es zeigt den Sohn von Maria Theresia, Kaiser **Joseph II.** Auch er ließ sich als römischer Herrscher darstellen. Im Gebäude hinter dem Denkmal befindet sich der **Prunksaal der Nationalbibliothek,** einer der schönsten Bibliothekssäle auf der ganzen Welt.
Auf dem Platz gibt es auch eine Kirche.

???

Entdeckst du sie?

Das ist die ehemalige Hofkirche der Habsburger: die **Augustinerkirche.** In ihr befindet sich die Herzgruft, in der die Herzen von 54 Habsburgern aufbewahrt werden. (Besichtigung der Herzgruft nur nach Voranmeldung, Infos unter www.augustinerkirche.at)

Übrigens: Die Leichname der Habsburger sind in der **Kaisergruft** bestattet: Tegetthoffstraße 2, 1. Bezirk (➤ Orientierungsplan S. 1, Infos unter www.kaisergruft.at).

Der Rundgang führt weiter durch die Reitschulgasse, die ihren Namen von der **Spanischen Hofreitschule** hat. „Spanisch" heißt sie, weil die Lipizzaner (das sind die berühmten weißen Pferde) ursprünglich aus Spanien kamen.
Auf der rechten Seite siehst du die **Pferdeställe,** und links befindet sich die **Winterreitschule,** in der die Reitvorführungen stattfinden.

tipp

Die Tickets für die Vorführungen sind sehr teuer. Billiger kannst du beim Training, der sogenannten „Morgenarbeit", zusehen. Karten gibt es in der Michaelerkuppel (Infos unter www.srs.at).

Wenn du noch ein Stück weitergehst, kommst du wieder zum **Michaelerplatz.**
Gegenüber von der Hofburg siehst du das **Loos-Haus,** das nach dem Architekten Adolf Loos benannt ist. Als es vor circa 100 Jahren gebaut wurde, waren die Wiener entsetzt: Die Fassade war schmucklos, ohne die damals üblichen Verzierungen. Auch Franz Joseph fand das Haus hässlich – angeblich ließ er sogar die Vorhänge in der Hofburg zuziehen, um es nicht zu sehen.

Zum Abschluss der Tour kannst du in der Mitte des Platzes **Reste von Ausgrabungen** aus verschiedenen Epochen ansehen.

Startpunkt:
Stephansplatz, 1. Bezirk
U1, U3 *Stephansplatz*

Endpunkt:
Schwedenplatz, 1. Bezirk
U1, U4 *Schwedenplatz*
1, 2 *Schwedenplatz*

Unser Rundgang beginnt am Stephansplatz. Geh zur Ecke Kärntner Straße/Stock im Eisen-Platz. An der Hausecke befindet sich ein eigenartiges Gebilde hinter Plexiglas.

Es handelt sich um den **Stock im Eisen,** einen Baumstamm aus dem Mittelalter, in den unzählige Nägel eingeschlagen sind.

Der Stamm ist mit einem eisernen Band an der Hauswand befestigt. Der Sage nach hat der Teufel seine Hand im Spiel gehabt, als das Band und das Schloss, das du an der rechten Seite siehst, geschmiedet wurden. Deshalb ist es auch niemandem gelungen, einen passenden Schlüssel anzufertigen und das Schloss wieder zu öffnen.

Die vielen Nägel stammen von Schlossern, denn es war früher Brauch, dass jeder Schlossergeselle, der auf Wanderschaft ging, einen Nagel in den Stamm schlug.

Jetzt geht's in die Römerzeit! Wir wollen herausfinden, wo sich das römische Lager **Vindobona** (➤ S. 8) befunden hat.

Die Römer hatten ihr Lager zum Schutz vor Feinden mit einer Verteidigungsanlage aus Mauern und Gräben umschlossen. Heute ist davon zwar (fast) nichts mehr erhalten, aber auf der Skizze siehst du, wo sie sich früher befand:

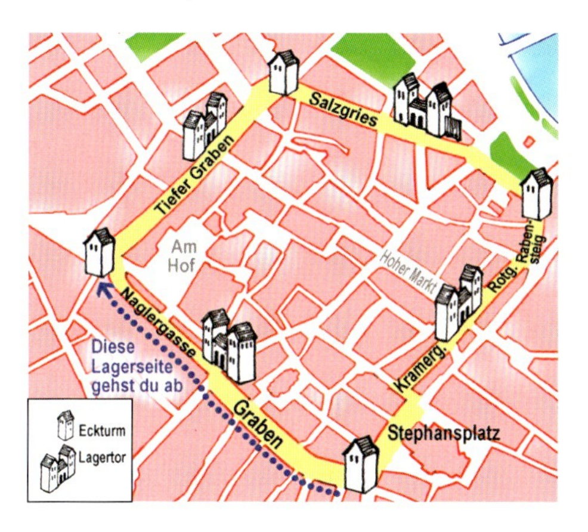

Die Lagermauer verlief also über den Stephansplatz und den Graben. Beim Haas-Haus (das ist das moderne Gebäude gegenüber dem Stock im Eisen) machte sie einen Knick, und der gläserne Erker soll daran erinnern, dass sich ungefähr hier ein **Eckturm** des Römerlagers befand.

Der erste Teil unserer Tour führt dich entlang der römischen Lagerbefestigung. Folge dem **Graben** – der Name erinnert noch heute an den ehemaligen Römergraben.

Du kommst zu einem hohen Denkmal mit goldenen Verzierungen. Es stammt aus einer viel späteren Zeit, dem Barock. Damals wütete in Wien immer wieder die Pest.

Während einer besonders schlimmen Pest-Epidemie versprach Kaiser Leopold I., eine Gedenksäule zu errichten, wenn die schreckliche Seuche vorüberginge. Und so war es dann auch: Als die Pest vorbei war, ließ Leopold die **Pestsäule** bauen.

Die nackte, hässliche Frau soll die Pest darstellen. Sie wird von einer Frau mit Kreuz (die für den Glauben steht) und einem Engel bekämpft. Darüber siehst du Kaiser Leopold, der im Gebet kniend um Hilfe bittet.

Auf der Spitze der Wolkenpyramide mit den vielen Engeln befindet sich eine goldene Figurengruppe. Du siehst Gott (den Mann mit der Erdkugel), Jesus (mit dem Kreuz) und den Heiligen Geist (die Taube).

Übrigens: Die Pest wurde durch Rattenflöhe übertragen und konnte sich durch die schlechten hygienischen Zustände leicht ausbreiten.

Das wusste man damals aber noch nicht. Die Menschen dachten, dass böse Mächte daran schuld wären und erhofften sich deshalb Hilfe von Gott.

Du wirst auf dem Spaziergang noch anderen Denkmälern begegnen, die errichtet wurden, weil ein Herrscher sagte: „Wenn Gott uns aus dieser Gefahr rettet, dann baue ich zum Dank …"

Aber zurück zu den Römern: Du folgst noch immer der Lagerbefestigung. An der Ecke Graben/Tuchlauben stand früher **eines der vier Eingangstore.**

Weiter geht's durch die Naglergasse. Unter der Gasse befand sich der Römergraben und dort, wo die rechte Häuserzeile steht, die Mauer. Am Haus Naglergasse 2 findest du einen Hinweis darauf. Die Naglergasse macht eine Kurve – so wie die frühere Mauer. Auf der rechten Seite befand sich ein weiterer **Eckturm** des Lagers. Reste davon wurden im Keller des Hauses Nr. 26 entdeckt.

Jetzt bist du eine Seite des Lagers abgegangen.

???

Was schätzt du? Wie viele Meter hast du ungefähr zurückgelegt?

A: 250 B: 500 C: 750

Nun verlässt du die Römerzeit und begibst dich ins Mittelalter: Wenn du nach rechts gehst, kommst du zu einem großen Platz. Er heißt **Am Hof,** weil hier die Babenberger ihren Herzogshof errichtet hatten. Leider ist davon nichts mehr erhalten, nur der Name „Am Hof" erinnert noch daran.

In der Mitte des Platzes befindet sich die **Mariensäule.** Sie wurde 400 Jahre nach dem Ende der Babenberger-Herrschaft errichtet und stammt – wie die Pestsäule – aus der Zeit des Barock: Während eines Krieges zog ein schwedisches Heer Richtung Wien. Da versprach Kaiser Ferdinand III. (der Vater von Leopold I.), eine Säule zu Ehren der Gottesmutter zu errichten, wenn die Stadt von dieser Bedrohung verschont bliebe. Und wirklich: Das schwedische Heer drang nicht bis Wien vor – und Ferdinand ließ die Mariensäule bauen.
Ganz oben steht die **heilige Maria.** Darunter kämpfen vier Engel gegen Tiere, die Bedrohungen der damaligen Zeit darstellen sollen: Der Drache steht für den Krieg, der Basilisk (ein Sagentier, von dem du später noch hören wirst) für die Hungersnot, die Schlange symbolisiert die Pest und der Löwe den „falschen" Glauben (damit meinten die katholischen Habsburger all jene, die nicht katholisch waren).

Am Hof befindet sich auch das **Zeughaus,** in dem die Stadt Wien früher ihre Waffen, Munition und Rüstungen aufbewahrte.

???

Findest du es?

Heute ist darin die **Zentrale der Wiener Feuerwehr** untergebracht.

Die **Kirche „Am Hof"** sieht eher wie ein elegantes Wohnhaus aus. Sie wurde im Mittelalter von einem Bettelorden gebaut und war recht einfach gestaltet. Später wurde sie – wie viele andere Kirchen auch – im Stil des Barock prunkvoll umgebaut. Aus dieser Zeit stammt auch die große Terrasse.

???

Warum hat die Kirche keinen Turm?

A: Bettelorden bauten einfache Kirchen und verzichteten deshalb auf Kirchtürme.

B: Der Turm wurde von einem Blitz getroffen und brannte ab.

C: Bei einem Erdbeben wurde der Turm so stark beschädigt, dass er abgetragen werden musste.

Links von der Kirche führt ein Durchgang über den Schulhof zum Uhrenmuseum. Schau dir die Kirche von hier aus noch einmal an: Diese Seite wurde im Barock nicht umgestaltet, und deshalb hat sich hier der gotische Bau mit den Spitzbogenfenstern erhalten.

Wenn du ein Stück weitergehst, kommst du zu kleinen Geschäften, die direkt an die Kirche gebaut sind.
Im Mittelalter waren alle Kirchen von Friedhöfen umgeben. Später wurde dies aus hygienischen Gründen verboten, und die Friedhöfe mussten außerhalb der Stadt angelegt werden. Rund um die Kirchen entstanden damals Verkaufsläden. Die Kirche „Am Hof" ist die einzige Kirche in Wien, wo sich solche Geschäfte bis heute erhalten haben.

Wenn du links in die Kurrentgasse einbiegst, kommst du zum **Judenplatz,** dem mittelalterlichen Zentrum der jüdischen Gemeinde.

Am Ende des Mittelalters wurde die jüdische Bevölkerung aus Wien vertrieben, zum Teil sogar ermordet.
Und es war nicht das einzige Mal, dass man die Juden verfolgte: Während der Nazi-Herrschaft wurden mehr als 65.000 österreichische Juden ermordet. Das **Mahnmal** auf dem Platz erinnert daran. Es stellt eine Bibliothek dar – Bücher waren für das Judentum immer sehr wichtig. Doch man kann die Buchtitel nicht lesen, die Bücher stehen verkehrt in den Regalen. Rund um die Bibliothek werden die Todeslager genannt, in denen die Juden ermordet wurden.

Das Denkmal auf dem Platz zeigt den Schriftsteller **Gotthold Ephraim Lessing,** der in seinen Werken für Toleranz gegenüber anderen Religionen eintrat.

Das größte Gebäude am Platz ist die **Böhmische Hofkanzlei.** Die Habsburger waren auch Könige von Böhmen (das ist ein Teil des heutigen Tschechien), und die Böhmische Hofkanzlei war für die Verwaltung und Rechtsprechung Böhmens zuständig.

Geh entlang der Böhmischen Hofkanzlei durch die Jordangasse, die eine Biegung nach links macht. Wenn du an ihrem Ende angelangt bist, stehst du vor dem **Alten Rathaus.** Hier war viele Jahrhunderte lang die Wiener Stadtregierung untergebracht – bis auf der Ringstraße ein neues, größeres Rathaus gebaut wurde.

Wenn du nach rechts gehst, kommst du zum **Hohen Markt,** dem ältesten Platz von Wien.

???

Wieso heißt der Platz „Hoher" Markt?

A: Das Wort „hoch" ist im Sinn von „wichtig" zu verstehen.

B: Der Markt liegt einen Meter höher als seine Umgebung.

C: Der Markt stand unter der Aufsicht des „Hohen Marktinspektors".

Händler und Handwerker boten hier ihre Waren an. Auch der Fischmarkt befand sich am Hohen Markt: Fische und Krebse aus der Donau zählten früher zu den Hauptnahrungsmitteln der Wiener.

Übrigens: Neben den großen Marktplätzen gab es in Wien auch spezialisierte Märkte. Die heutigen Straßennamen „Fleischmarkt", „Getreidemarkt" oder „Kohlmarkt" (hier wurde kein Kohl verkauft, sondern Kohle) erinnern noch daran.
Auch die Handwerker einer Berufsgruppe siedelten sich früher gemeinsam an. So verraten zum Beispiel die Straßennamen „Goldschmiedgasse", „Bäckerstraße" oder „Färbergasse", welche Handwerker hier arbeiteten.

Der Brunnen in der Mitte des Platzes verdankt seine Entstehung schon wieder einem Versprechen: Kaiser Leopold I. (der mit der Pestsäule) gelobte diesmal, dass er ein Denkmal zu Ehren des heiligen Joseph errichten würde, wenn sein Sohn Joseph gesund aus dem Krieg heimkäme.
Du errätst es sicher: Joseph kam unversehrt zurück, und so wurde der Josephsbrunnen gebaut. Er wird auch **Vermählungsbrunnen** genannt, weil hier die Hochzeit des heiligen Joseph mit der Gottesmutter Maria dargestellt ist.

tipp

Auf dem Hohen Markt befanden sich früher römische Offiziershäuser. Reste davon kannst du im **Römermuseum** am Hohen Markt 3 besichtigen (Öffnungszeiten: Di – So und Feiertag 9 – 18 Uhr). Hier erfährst du auch Interessantes über das römische Wien.

Links am Ende des Hohen Marktes befindet sich die **Ankeruhr,** die von der Anker-Versicherung vor circa 100 Jahren in Auftrag gegeben wurde. Berühmte Personen aus der Wiener Geschichte zeigen die Uhrzeit an: Über ihrem Kopf befindet sich eine römische Zahl für die Stunde, die wiederum zur entsprechenden Minutenzahl weist. Um zwölf Uhr mittags marschieren alle Figuren hintereinander auf.
Auf der Tafel links unter der Uhr kannst du sehen, welche Personen dargestellt sind.

Geh den Lichtensteg am Ende des Hohen Marktes entlang. An der nächsten Kreuzung überquerst du noch einmal die ehemalige römische Lagerbefestigung, die entlang der heutigen Rotgasse und Kramergasse Richtung Stephansplatz führte.

Folge dem Lichtensteg weiter und überquere dann die Rotenturmstraße.

Am Lugeck 5 befindet sich ein **Durchhaus.** Hier kann man – wie der Name schon sagt – durch ein Haus gehen und kommt direkt zur nächsten Parallelstraße. Eine praktische Abkürzung! In Wien gibt es viele solcher Häuser. Dieses und das daran anschließende Durchhaus führen direkt zum Stephansplatz.

Unser Weg führt aber durch die Bäckerstraße. An der Fassade des Hauses Nummer 2 siehst du eine Figur der Muttergottes.
Erst unter Maria Theresia bekamen die Häuser Hausnummern – davor orientierte man sich an den **Hauszeichen:** Das konnten Heilige sein, aber auch Tiere oder Symbole wie Kugeln, Sterne oder Kreuze. Viele Hauszeichen kamen mehrfach vor, was manchmal für Verwirrung sorgte.

Wenn das Tor des Hauses Bäckerstraße 7 geöffnet ist, solltest du einen Blick in den **Innenhof** werfen.

Du siehst, wo früher die Pferde untergebracht waren: Die Tränken und Heukörbe sind noch erhalten.
Außerdem siehst du auf einer Seite des Hofes die für Wien typischen ???

Das sind die schmalen Balkongänge, die zu den Wohnungen führen.

Das Haus Bäckerstraße 12 hat ein ungewöhnliches Hauszeichen: Es heißt **Allwo die Kuh am Brett spielt.**

Damals hatte sich die evangelische Kirche von der katholischen abgespalten, und die Katholiken versuchten, den evangelischen Einfluss zurückzudrängen.
Das Hauszeichen behandelt diesen Streit: Die Kuh stellt den katholischen Glauben dar, der Wolf den evangelischen. Und der Mann im Hintergrund wartet ab, wer gewinnen wird.

Folge dem kurzen Gässchen gegenüber zur Sonnenfelsgasse. Überquere sie und geh dann rechts durch die Schönlaterngasse.

Du kommst am Lokal „Zum Basilisken" vorbei, und in einer Nische in der Hausmauer kannst du dieses Sagentier betrachten.
Ein Basilisk schlüpft – der Sage nach – aus einem Ei, das ein ???

Sein Gestank ist entsetzlich, und sein Blick tötet jeden, den er sieht.

Geh weiter zum **Basiliskenhaus** (Nr. 7). In seinem Brunnen soll am 26. Juni 1212 ein Basilisk entdeckt worden sein!
Die Sage erzählt, dass eine Magd Wasser aus dem Brunnen holen wollte. Doch sie wurde durch einen grauenvollen Gestank ohnmächtig. Daraufhin stieg ein Bäckergeselle in den Brunnen, um der Sache auf den Grund zu gehen. Er erblickte den Basilisken – und starb.
Die entsetzten Hausbewohner erfuhren, dass man den Basilisk nur töten kann, wenn man ihm einen Spiegel vorhält. Dann zerplatzt er, weil er seine eigene Hässlichkeit nicht erträgt.

Weil dies aber zu gefährlich war, schüttete man den Brunnen mit Erde und Steinen zu. An der Hauswand kannst du diese Geschichte lesen.

Übrigens: Man nimmt heute an, dass damals giftige Erdgase aus dem Brunnen entwichen waren und die Bewohner deshalb dachten, dass sie es mit einem Basilisken zu tun hätten.

Der **Basilisk,** den du oben in einer Nische siehst, ist in Wirklichkeit ein merkwürdig geformter Stein aus Kalk und Sand, der später bei einem Brunnenbau gefunden wurde. Man hielt ihn für den Basilisken aus der Sage, „verzierte" ihn mit einem Hahnenschnabel, einem Krönchen und einem Schwanz, und heute ist er das berühmteste Hauszeichen von Wien.

Das gegenüberliegende Haus heißt **Zur schönen Laterne,** und jetzt weißt du, woher die Schönlaterngasse ihren Namen hat.

Zwischen den beiden Basilisken befindet sich der Zugang zum **Heiligenkreuzerhof.** Dieser ist nach dem Kloster Heiligenkreuz benannt, das sich in der Nähe von Wien befindet und dem der Hof seit dem Mittelalter gehört.

???

Findest du zwei Hinweise, die auf das Kloster hindeuten?

Geh in den Hof. Auf der rechten Seite siehst du eine freigelegte Mauer aus dem Mittelalter, denn die Häuser stammen aus dieser Zeit (sie sind aber später umgebaut worden).

Überquere den Hof, folge der Grashofgasse und geh dann die Köllnerhofgasse nach rechts. Du kommst zum **Fleischmarkt,** der seinen Namen von den Fleischhauern (Fleischern) hat, die hier ihre Waren verkauften.

Wenn du nach links schaust, siehst du am Eckhaus ein Bild vom **Roten Turm.** Das war ein Befestigungsturm der mittelalterlichen Stadtmauer, der sich früher in der Nähe befand.

Du gehst aber nach rechts zu der exotisch aussehenden rot-goldenen Kirche. Das ist die **Kirche der griechischen Gemeinde,** denn viele griechische Kaufleute haben sich im Lauf der Zeit in diesem Stadtteil angesiedelt.

Links neben der Kirche befindet sich das **Griechenbeisl,** das schon im Mittelalter ein Gasthaus war. Später soll hier oft **der liebe Augustin** eingekehrt sein.

Um ihn rankt sich eine bekannte Sage:

Wenn du durch das Bodengitter im Hauseingang schaust, erblickst du den lieben Augustin.
Und wenn du noch etwas weiter ins Griechenbeisl hineingehst, siehst du auf der linken Seite beim Stiegenaufgang drei eingemauerte **Kanonenkugeln,** die noch **aus der Zeit der ersten Türkenbelagerung** stammen.

Übrigens: Der Überlieferung nach haben die Türken bei ihrem zweiten Abzug die in Wien damals noch unbekannten Kaffeebohnen zurückgelassen, und daraufhin soll das erste Kaffeehaus eröffnet worden sein.
In Wahrheit aber brachte ein armenischer Geschäftsmann zur selben Zeit Kaffeebohnen von seinen Reisen mit. Er eröffnete Wiens erstes Kaffeehaus in der Rotenturmstraße 14. Bald entstanden in der ganzen Stadt Kaffeehäuser, und heute kann man sich Wien ohne das traditionelle Wiener Kaffeehaus nicht mehr vorstellen.

Folge der Griechengasse. Sie ist sehr eng und deshalb für den Verkehr gesperrt. Früher war das nicht so, und die großen Steine links und rechts sollten die Hauswände vor Beschädigungen durch Fuhrwerke schützen.
Dass es hier immer wieder Probleme gab, erkennst du an der Tafel am Haus Griechengasse 10.

Siehst du die zwei Bögen zwischen den Häusern?

???

Welche Funktion hatten sie?

A: Dazwischen befand sich früher ein Holzdach. So wurden die Wirtshausgäste nicht nass, wenn sie auf Einlass warteten.

B: Die Bögen sollten die Hausmauern abstützen.

C: Zwischen den Bögen war früher ein Netz gespannt – zum Schutz vor Tauben.

Am Haus Griechengasse 7 siehst du wieder ein Hauszeichen: eine Muttergottes auf der Erdkugel.
Wenn das Haustor offen ist, dann geh in den Hof. Dort befindet sich ein **Wohnturm aus dem Mittelalter.**
In Wohntürmen lebten vor allem reiche Bürger. Die Türme waren aus Stein gebaut und boten besseren Schutz vor Kälte und Bränden als die Holzhäuser, in denen der Großteil der mittelalterlichen Bevölkerung wohnte.
Früher gab es in Wien viele Wohntürme, doch dieser ist der einzige, der heute noch erhalten ist.
(Wenn das Tor nicht offen ist, dann geh die Griechengasse noch ein Stück weiter. Von dort kannst du den Wohnturm auch sehen.)

Wenn du die Stiege neben dem Haus hinuntergehst, kommst du zum Schwedenplatz. Hier endet unsere Tour – und gleich rechts befindet sich einer der besten Eissalons von Wien!

Schloss Schönbrunn

Ursprünglich war Schloss Schönbrunn ein kleines Jagdschloss (na ja, so weit ein Schloss klein sein kann …) und lag außerhalb der Stadt – Wien reichte ja früher nur bis zur heutigen Ringstraße.

Maria Theresia machte Schönbrunn zu ihrem **Sommerschloss.** Jeden Frühling übersiedelte sie mit ihrer Familie von der Hofburg hierher.

Natürlich kam auch der Hofstaat mit, und so brauchte man Platz für circa 1.000 Personen. Deshalb ließ Maria Theresia Nebengebäude errichten. Ebenerdig wurden die Pferde und Kutschen untergebracht, und darüber befanden sich die Wohnungen für die Hofangestellten.

Für ihre vielen Kinder ließ Maria Theresia ein Zwischenstockwerk einbauen. Es befindet sich in den Seitenflügeln, und du erkennst es an den kleineren, nachträglich eingefügten Fenstern im zweiten Stock.

Auf den folgenden Seiten begleiten wir dich auf einem Rundgang durch das Schloss. Du wirst die Wohnungen von Kaiser Franz Joseph und seiner Frau Elisabeth sehen, außerdem Räume von Maria Theresia und ihrer Familie. Dafür brauchst du die Eintrittskarte für die „Imperial Tour" oder, wenn du auch die Hofburg besichtigen willst, das „Sisi-Ticket".

Es gibt auch Kinderführungen und ein eigenes Kindermuseum. Infos unter www.kaiserkinder.at

Schönbrunner Schloßstrasse 47, 13. Bezirk

U4 Schönbrunn

Jan. – März	*8:30 – 17:00 Uhr*
April – Juni	*8:30 – 17:30 Uhr*
Juli – Aug.	*8:30 – 18:30 Uhr*
Sept. – Okt.	*8:30 – 17:30 Uhr*
Nov. – Dez.	*8:30 – 17:00 Uhr*

€ *Eintritt*

www.schoenbrunn.at

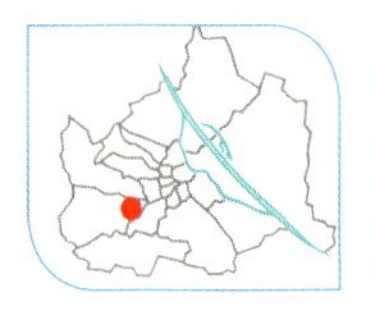

Über die Blaue Stiege kommst du zur **Wohnung von Kaiser Franz Joseph.**

Übrigens: Weil die Räume schon von Franz Josephs Ururgroßmutter Maria Theresia bewohnt wurden, wirst du hier immer wieder Bilder von ihr und ihrer Familie sehen.

Um zu Franz Joseph zu gelangen, musste man die kaiserliche Leibgarde passieren, die in **Raum 1** Wache stand.

Schau dir den Ofen an: Wie kann man ihn heizen?
Die Antwort findest du, wenn du an ihm vorbeigehst. Im Durchgang zum Nebenzimmer befindet sich rechts eine kleine Tür. Sie führt hinter den Ofen, und von dort wurde geheizt.

???

Warum wurde der Ofen nicht von vorn beheizt?

A: Eine Ofentür hätte nicht schön ausgesehen.

B: So kam kein Schmutz in die Räume, und die kaiserliche Familie wurde nicht durch heizende Dienstboten gestört.

C: Früher war es technisch noch nicht möglich, die Öfen von vorn zu beheizen.

Alle Öfen in Schönbrunn (und auch in der Hofburg) wurden auf diese Weise beheizt.

Von hier aus siehst du auch in das **Zimmer des Flügeladjutanten (1b).** Seine Aufgabe war es, militärische Informationen sofort an den Kaiser weiterzuleiten.

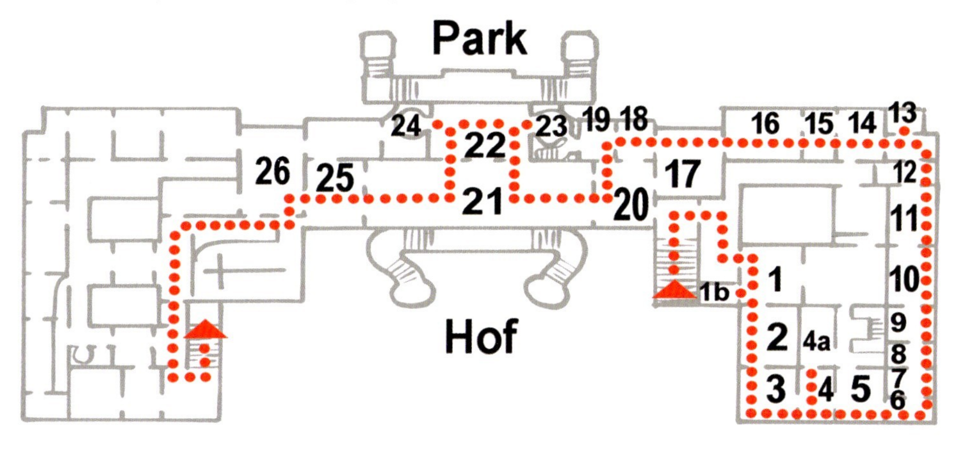

Im **Billardzimmer (2)** wartete man darauf, dass man von Franz Joseph empfangen wurde.

Die drei riesigen Bilder beziehen sich auf den von Maria Theresia gegründeten **Maria-Theresien-Orden.** Er wurde nur an die tapfersten Soldaten verliehen.
Auf dem Bild in der Mitte ist die allererste Ordensverleihung dargestellt. Das rechte Bild zeigt Franz Joseph bei der 100-Jahr-Feier der Ordensgründung. Und auf dem Bild links siehst du das anschließende Festmahl.

???

Schau dir das Bild in der Mitte an: Nicht Maria Theresia überreicht den Orden, sondern ihr Mann Franz Stephan. Entdeckst du ihn?
Und findest du auch Maria Theresia?

Im **Audienzzimmer (3)** wurde man dann von Franz Joseph empfangen.
„Man" – das waren Regierungsmitglieder, Hofbeamte und Angehörige des Militärs, aber auch ganz gewöhnliche Untertanen. Denn zweimal pro Woche, montags und donnerstags, hielt Franz Joseph General-Audienz. Da konnte jeder Bürger sein Anliegen vortragen.
(Wenn du noch nicht in der Hofburg warst, kannst du jetzt das zweite Rätsel auf Seite 32 lösen.)

Gleich neben dem Audienzzimmer befindet sich das **Arbeitszimmer (4)** des Kaisers.
Franz Josephs Leben war von Arbeit erfüllt. Er war streng erzogen worden. Disziplin und Pflichtbewusstsein spielten eine sehr große Rolle. Neuerungen stand er meist skeptisch gegenüber, und er versuchte, jeden Akt selbst zu überprüfen. Franz Joseph arbeitete fast ununterbrochen und begann seinen Arbeitstag täglich um 5 Uhr morgens.

Du kannst einen Blick in das **Zimmer des Leibkammerdieners Eugen Ketterl (4a)** werfen. Er war für das persönliche Wohl von Franz Joseph verantwortlich.

Vom Arbeitszimmer geht's weiter ins **Schlafzimmer (5).** Die Einrichtung ist einfach – zumindest für einen Kaiser. Franz Joseph war sehr sparsam und fand persönlichen Luxus überflüssig.
Eugen Ketterl berichtete, dass er einmal einen neuen Waschtisch für den Kaiser besorgen wollte, aber nicht durfte – weil Franz Joseph fand, dass das zu teuer und gar nicht notwendig sei. Da griff Ketterl zu einem Trick: Er kauf-

te einen Waschtisch und erklärte dem Kaiser, er habe ihn irgendwo im Schloss „entdeckt".
Damit Franz Joseph um 5 Uhr mit der Arbeit beginnen konnte, stand er jeden Tag um ½ 4 Uhr auf. Nach der Körperpflege zog er sich an und verrichtete sein Morgengebet auf dem Betstuhl. Und dann ging's schon an den Schreibtisch.

Wenn du das Schlafzimmer verlässt, siehst du links ein **WC.** Nichts Besonderes? Oh doch! Zumindest für Franz Joseph. Denn viele Jahrhunderte lang gab es im Schloss keine Wasserleitung und auch keine „Water Closets" (daraus entstand übrigens die Abkürzung „WC"). Stattdessen benutzte man einen Leibstuhl – das war ein Stuhl mit eingefügtem Nachttopf.
Franz Joseph war fast 70 Jahre alt, als dieses WC eingebaut wurde!

Jetzt kommst du in die **Wohnung von** Franz Josephs Frau **Elisabeth.**

Das **Stiegenkabinett (7)** benutzte sie als Schreibzimmer. Hier verfasste sie ihre Briefe und viele Gedichte. Aus ihnen wissen wir, wie unglücklich Elisabeth in Wien war. Die Wiener Adeligen sahen auf die junge bayerische Prinzessin herab, die sich nicht mit den strengen Benimm-Regeln am Wiener Hof anfreunden konnte. Alles war hier genau geregelt, und jeder kleinste Fehler wurde sofort weitergetratscht.
Im Lauf der Zeit zog sich Elisabeth mehr und mehr zurück. Sie flüchtete aus Wien und unternahm immer längere Reisen.

Der nächste Raum war Elisabeths **Toilette-Zimmer (8).**

???

Warum hat das Zimmer diesen Namen?

A: Hier befand sich früher das allererste „Water Closet" von Schönbrunn.

B: „Toilette" ist die alte Bezeichnung für einen Kosmetik-, Wasch- und Frisiertisch. Im Toilette-Zimmer wusch man sich, kleidete sich an und frisierte sich.

C: Früher befanden sich hier alle Leibstühle, der Raum war sozusagen das „Gemeinschaftsklosett".

Elisabeth war sehr schön – und sie verbrachte unglaublich viel Zeit damit, ihre Schönheit zu pflegen. So dauerte es jeden Tag zwei bis drei Stunden, bis die Friseurin ihre langen Haare kunstvoll frisiert hatte.

Elisabeth wollte immer sehen, wie viele Haare dabei ausgegangen waren. Deshalb ließ sich die Friseurin einen Trick einfallen: Sie befestigte einen Klebestreifen unter ihrer Schürze und versteckte die ausgegangenen Haare darauf.

Es war Elisabeth sehr wichtig, jung und schön auszusehen. Als sie älter wurde, vermied sie es deshalb immer öfter, sich in der Öffentlichkeit zu zeigen. Manchmal sagte sie, sie sei krank, und manchmal schickte sie ein Double – zum Beispiel ihre Friseurin (das ging aber nur, wenn man sie nicht aus der Nähe sah oder im Ausland, wo man sie nicht so gut kannte).
Obwohl Elisabeth sehr schlank war, hatte sie immer Angst, dick zu werden. Deshalb wog sie sich jeden Tag. Neben dem Waschtisch siehst du ihre Waage.

Als nächstes kommst du ins **Schlafzimmer von Elisabeth und Franz Joseph (9).**
Es war bei den Habsburgern üblich, dass jeder Erzherzog ein Handwerk lernte. Franz Joseph war Tischler, und die Wiener Tischler waren darauf so stolz, dass sie ihm und Elisabeth dieses Bett zur Hochzeit schenkten.

Der nächste Raum war Elisabeths **Empfangssalon (10).**

???

Fällt dir etwas Ungewöhnliches an der Uhr vor dem Spiegel auf?

Weiter geht's ins **Speisezimmer (11),** das für Familienessen genutzt wurde. Die kaiserliche Familie aß gern Speisen der „Wiener Küche", zum Beispiel Tafelspitz (gekochtes Rindfleisch), Wiener Schnitzel oder Kaiserschmarrn (eine Süßspeise aus Eiern, Mehl, Milch und Zucker).
Die Hofküche befand sich nicht im Schloss selbst, sondern in einem Nebengebäude. Damit das Essen auf dem Weg ins Schloss nicht kalt wurde, transportierte man es in Blechkisten, die mit Kohlen geheizt wurden.

???

Warum war die Küche so weit weg?

A: Um das Schloss vor Feuer zu schützen: Die Herde wurden mit Holz geheizt, und so war immer die Gefahr eines Brandes gegeben.

B: Ursprünglich war die Küche im Nachbarraum untergebracht, doch Elisabeth wollte dort ihren Empfangssalon einrichten.

C: Elisabeth fühlte sich durch die Küchengerüche belästigt, und so übersiedelte die Küche ins Nebengebäude.

Jetzt verlässt du die Wohnung von Franz Joseph und Elisabeth. Die folgenden Räume wurden – 100 Jahre früher – von **Maria Theresia** und ihrer Familie bewohnt.

In **Raum 12** siehst du die Porträts von einigen Töchtern Maria Theresias.
Sie hatte 16 Kinder und sagte einmal: „Kinder kann man nie genug haben."
Es gab auch den Spruch:

Das bedeutete, dass junge Habsburger mit Mitgliedern aus anderen Herrscherfamilien verheiratet wurden, um so die Verbindung zu diesen Herrscherhäusern zu verbessern und das Reich durch Erbschaften zu vergrößern.

Übrigens: Die Kinder durften bei der Wahl ihrer Ehepartner nicht mitreden. Nur Maria Theresias Lieblingstochter, Marie Christine, durfte den Mann heiraten, den sie liebte.

Du siehst hier auch ein Bild von Maria Theresia. Nach dem Tod ihres Mannes Franz Stephan von Lothringen (den sie übrigens aus Liebe geheiratet hatte!) trug sie immer schwarze Trauerkleidung.

Du kannst einen Blick in das **Badezimmer** der letzten österreichischen Kaiserin Zita werfen.

Die Kinder auf den Bildern im **Gelben Salon (14)** stammen nicht aus der kaiserlichen Familie. Sie sehen ganz anders aus als die Kaiserkinder im letzten Raum – viel natürlicher.

In **Raum 15** hängen wieder Bilder von Maria Theresia und ihren Kindern. Als Zeichen ihrer Herkunft sind sie mit dem habsburgischen Erzherzogshut dargestellt. Auf dem großen Gemälde siehst du die Brüder Leopold, Karl Joseph und in der Mitte, in rot-goldener Kleidung, den Thronfolger Joseph.

Als nächstes kommst du in den **Spiegelsaal (16),** der für kleinere Familienfeste genutzt wurde.
Wahrscheinlich fand hier das berühmte Konzert des damals erst sechsjährigen Wolfgang Amadeus Mozart statt. Nach dem Vorspielen ist Wolferl, so berichtete sein Vater, „Ihrer Majestät auf den Schoß gesprungen und hat sie rechtschaffen abgeküsst."

Stell dich in die Mitte des Raumes: Durch die gegenüberliegenden Spiegel entsteht der Eindruck, dass er viel größer ist.

Geh in den nächsten **Raum (17).** Die Landschaftsbilder, die du hier und in den folgenden beiden Zimmern **(18 und 19)** siehst, hat der Maler Joseph Rosa gemalt. Deshalb werden die drei Räume „Rosa-Zimmer" genannt.

???

Was zeigt das Bild neben der Eingangstür?

A: Maria Theresias Geburtsort: Theresienburg.

B: Die schweizerische Habsburg, die der Stammsitz der Familie Habsburg war.

C: Die Franzensburg. Hier begegneten sich Maria Theresia und Franz Stephan zum ersten Mal.

Du siehst ein Gemälde von Franz Stephan. Er war der Kaiser des Heiligen Römischen Reiches Deutscher Nation – ein toller Titel, der aber nicht viel Macht bedeutete. Auch in Österreich hatte Franz Stephan nicht viel zu tun. Er überließ das Regieren Maria Theresia und beriet sie nur in finanziellen Dingen. Sein Hobby waren die Naturwissenschaften: Franz Stephan gründete das „Hof-Naturalien-Kabinett" (aus dem später das Naturhistorische Museum wurde) und den Tiergarten Schönbrunn.

Im **Laternenzimmer (20)** warteten früher, als es noch keinen elektrischen Strom gab, die Laternenträger, um der kaiserlichen Familie und ihren Gästen den Weg im Dunkeln zu leuchten.

Jetzt kommst du in die **Große Galerie (21).** Sie ist 43 Meter lang und fast 10 Meter breit. Hier fanden prachtvolle Bälle, Empfänge und Festessen statt.
Hinter den großen Fenstern befindet sich die Prunktreppe, über die die Gäste ins Schloss kamen.
Früher war der Saal von unzähligen Kerzen erleuchtet.

Die **Kleine Galerie (22)** wurde für Familienfeste im kleineren Kreis genutzt.

Zur Zeit Maria Theresias war asiatische Kunst sehr modern, und deshalb findest du an beiden Enden des Raumes **Chinesische Kabinette (23 und 24).** Sie sind im Vergleich zu den anderen Zimmern sehr klein. Maria Theresia verwendete sie als Spielzimmer. Sie spielte gern Karten – mit hohen Wetteinsätzen! Dabei verlor sie viel Geld.

Das **rechte Kabinett (23)** benutzte Maria Theresia auch für geheime Konferenzen mit ihrem Staatskanzler. Damit sie nicht durch Diener, die Speisen und Getränke servierten, gestört wurde (vielleicht war ja auch ein Spion darunter!), ließ sie sich etwas einfallen: Im Fußboden wurde eine versteckte Öffnung angebracht, durch die ein gedeckter Tisch nach oben gezogen werden konnte. Du kannst die ausgeschnittene Bodenplatte in der Mitte des Raumes erkennen.

Das **Karussellzimmer (25)** war der Warteraum für Audienzen bei Maria Theresia und Franz Stephan.
Erinnerst du dich an das Audienzwartezimmer von Franz Joseph? Auch hier siehst du ein Bild einer Ordensverleihung.
Der Maria-Theresien-Orden wurde ja nur an Soldaten verliehen, für „normale" Leute gab es den Sankt Stephans-Orden. Auf dem rechten Bild ist die erste Verleihung dieses Ordens dargestellt.
Das linke Bild hat dem Zimmer seinen Namen gegeben: Maria Theresia veranstaltete dieses Damenkarussell (eine Reitveranstaltung mit prächtig geschmückten Pferden und Wagen), um das Ende eines Krieges zu feiern.

Im **Zeremoniensaal (26)** fallen die riesigen Gemälde auf.
Du siehst hier das wohl bekannteste Bild von Maria Theresia, auf dem sie in einem kostbaren Kleid dargestellt ist. Die vier Kronen sollten zeigen, wie mächtig sie war.

Die anderen Bilder wurden anlässlich der Hochzeit von Maria Theresias Sohn Joseph mit Prinzessin Isabella von Bourbon-Parma gemalt – durch diese Heirat sollte die Verbindung zu Frankreich verbessert werden.
Du siehst die Ankunft der Braut, die Trauung, ein Festkonzert und zwei Hochzeitsessen.

Das Gemälde rechts von Maria Theresia ist ein Beispiel dafür, dass Bilder nicht immer die Wahrheit zeigen: Hinter dem Glas siehst du einen Jungen. Das ist der kleine Mozart. Nur: Mozart war gar nicht bei der Hochzeit! Damals war er erst vier Jahre alt und hatte noch nicht vor Maria Theresia gespielt. Es dauerte aber mehrere Jahre, bis das Bild fertig war. In der Zwischenzeit war Mozart bekannt geworden, und da dachte man sich: Malen wir ihn doch einfach dazu!

Hier endet die Schlosstour. (Wenn du ein „Sisi-Ticket" gekauft hast, kannst du dir noch einige andere Räume anschauen.)

Findest du die 10 Unterschiede?

Das Bild zeigt Franz Stephan, Maria Theresia und elf ihrer sechzehn Kinder. In rot-goldener Kleidung siehst du den 13-jährigen Joseph, der später als Kaiser Joseph II. viele Neuerungen durchführte. So gründete er das Wiener Allgemeine Krankenhaus und öffnete den Schönbrunner Schlosspark und den Prater für das Volk.

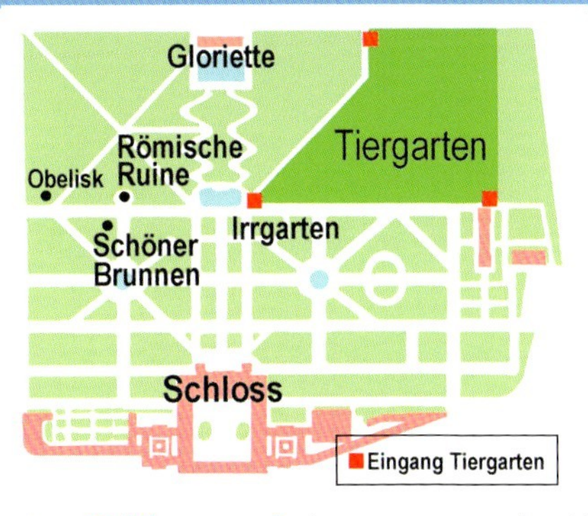

Im **Schlosspark** formte man die Natur zum Kunstwerk: Hecken und Bäume wurden zu grünen Wänden geschnitten, Gras und bunte Steine zu Mustern gestaltet. Die Bauwerke sollten aussehen, als wären sie aus längst vergangenen Zeiten. So ist die **Römische Ruine** nicht römisch, und der **Obelisk** stammt nicht aus dem alten Ägypten.

Die Hieroglyphen auf dem Obelisken sollen die Geschichte der Familie Habsburg erzählen. Doch jeder Ägyptologe würde daran verzweifeln. ???

Warum?

A: Zur Zeit Maria Theresias konnte man die Hieroglyphen noch nicht entziffern. Deshalb erfand man einfach Hieroglyphen.

B: Bei der Restaurierung im Jahr 1870 waren die Hieroglyphen so schlecht zu erkennen, dass einige falsch restauriert wurden.

C: Der Künstler verwendete keine ägyptischen, sondern ältere, urartäische Hieroglyphen.

In der Nähe der Römischen Ruine befindet sich – etwas versteckt – der **Schöne Brunnen,** nach dem das Schloss benannt ist. Der Überlieferung nach hat hier der Ururgroßonkel von Maria Theresia, Kaiser Matthias, eine Quelle entdeckt. Später wurde dann der Brunnen gebaut.

Die **Gloriette** wurde als Aussichtspunkt und Abschluss des Schlossparks errichtet.

Der **Tiergarten** ist einen Besuch wert! Er wurde von Franz Stephan gegründet und ist der älteste Zoo der Welt – gleichzeitig ist er auch einer der beliebtesten Tiergärten weltweit. (Infos unter www.zoovienna.at)

Übrigens: Heute können wir uns nicht mehr vorstellen, dass fremde Tiere früher eine Sensation waren: Als die erste Giraffe nach Schönbrunn kam, eilten die Wiener in Scharen herbei, um das exotische Tier zu bestaunen. Ein „Giraffen-Hype“ setzte ein: Es gab Giraffen-Feste, Giraffen-Torten, ein Giraffen-Theaterstück und sogar ein Giraffen-Parfum!

Belvedere, Karlskirche

Das **Belvedere** war das **Sommerschloss des Prinzen Eugen.** Er stammte ursprünglich aus Frankreich und kam nach Wien, als die Türken die Stadt zum zweiten Mal belagerten. In den folgenden Jahren wurde er ein sehr erfolgreicher Feldherr. So verdiente er viel Geld, das er unter anderem für den Bau mehrerer Schlösser ausgab.
Eugen wohnte im Unteren Belvedere, das Obere Belvedere verwendete er als „Partyschloss".
Heute befinden sich in beiden Schlössern Museen. Im Oberen Belvedere sind Bilder des berühmten Jugendstil-Malers Gustav Klimt ausgestellt.

Übrigens: „Belvedere" bedeutet „Schöne Aussicht". Wenn du vom Oberen Belvedere über den Park auf die Stadt schaust, dann weißt du, warum das Schloss diesen Namen bekam.

Unteres Belvedere:
Rennweg 6, 3. Bezirk

71 *Unteres Belvedere*
täglich 10:00 – 18:00 Uhr, Mi 10:00 – 21:00 Uhr

Oberes Belvedere:
Prinz Eugen-Str. 27, 3. Bezirk
D *Schloss Belvedere*
täglich 10:00 – 18:00 Uhr
€ *Park: Eintritt frei, Museen: Eintritt*
www.belvedere.at

Auf dem Spaziergang durchs alte Wien hast du einige Denkmäler gesehen, die als Dank für eine überstandene Gefahr errichtet wurden. So war es auch bei der Karlskirche: Kaiser Karl VI. (der Vater von Maria Theresia) versprach, eine Kirche zu bauen, wenn die **Pest,** die wieder einmal ausgebrochen war, vorübergehen würde.
Nach dem Ende der schrecklichen Seuche ließ er die **Karlskirche** bauen. Sie ist seinem Namenspatron, dem heiligen Karl Borromäus, geweiht. Das Leben dieses Heiligen ist auf den beiden hohen Säulen vor der Kirche dargestellt. Die Szene in dem dreieckigen Giebel über dem Eingang erinnert an die Pest: Du siehst Pestkranke und Tote vor der Stadt Wien.

Karlsplatz, 4. Bezirk
U1, U2, U4 *Karlsplatz (Ausgang Resselpark, Karlsplatz)*
Mo – Sa 9:00 – 12:30 und 13:00 – 18:00 Uhr
So und Feiertag 12:00 – 17:45 Uhr
€ *Eintritt*
www.karlskirche.at

Startpunkt:

Karlsplatz, 4. Bezirk

U1, U2, U4 *Karlsplatz (Ausgang Resselpark, Karlsplatz)*

Endpunkt:

Linke Wienzeile, 6. Bezirk

U4 *Kettenbrückengasse*

Nach diesem Spaziergang bist du ein Jugendstil-Experte! Schau noch mal auf S. 13 und starte dann die Tour auf dem Karlsplatz.

Du kannst zu Beginn noch einen kurzen Abstecher zur Karlskirche (➤ S. 58) machen, die befindet sich nämlich auch hier.

Vor circa 110 Jahren baute der Architekt **Otto Wagner** die Stadtbahn, deren Gleise heute von den U-Bahnlinien U4 und U6 befahren werden. Er entwarf auch die **Stadtbahnstationen,** von denen sich zwei auf dem Karlsplatz befinden.

Du siehst viele Merkmale des Jugendstils: die Farbe Gold, geschwungene Linien und Pflanzenmuster – hier sind es Sonnenblumen.

Warum stehen hier gleich zwei Stations-Häuschen?

A: Das linke Häuschen war für die kaiserliche Familie reserviert.

B: Das rechte Häuschen befand sich früher auf dem Stephansplatz. Es wurde beim Bau der U-Bahn abgetragen und hier wieder aufgebaut.

C: Jede Fahrtrichtung hatte ihr eigenes Stations-Häuschen.

Jugendstil-Tour

Folge dem Weg, der auf dem Plan eingezeichnet ist. Du kommst zum Ausstellungshaus der Jugendstilkünstler: der **Secession.**

Auch hier findest du goldene Pflanzenverzierungen – diesmal sind es Lorbeerblätter.

???

Was schätzt du? Aus wie vielen Lorbeerblättern besteht die Kuppel?

A: 700 B: 3.000 C: 12.000

Übrigens: Heute wird der Wiener Jugendstil sehr geschätzt, und Jugendstil-Kunstwerke werden zu Höchstpreisen gehandelt. Das war früher ganz anders: Den meisten Leuten gefiel die neue Kunst überhaupt nicht.

Und so war der Spitzname für die Secession geboren. („Krauthappl" ist der Wiener Ausdruck für Kohlkopf.)

In der Secession ist der riesige „Beethovenfries" des berühmten Jugendstil-Malers **Gustav Klimt** zu sehen (Infos unter www.secession.at). Klimt malte das über 34 Meter lange Wandbild für eine Ausstellung über den Komponisten Ludwig van Beethoven. Er stellte darin seine Gedanken zu Beethovens 9. Sinfonie dar.

Jetzt gehst du über den größten und bekanntesten Markt von Wien, den **Naschmarkt,** dessen Geschäfte von Montag bis Samstag geöffnet haben.

Übrigens: Unter dem Naschmarkt fließt der **Wienfluss.** Deshalb heißen die angrenzenden Straßen Linke und Rechte Wienzeile.
Weil es früher immer wieder zu Überschwemmungen kam, wurde beim Bau der Stadtbahn ein tieferes Flussbett gegraben und der Wienfluss überwölbt. Auf dem so gewonnenen Platz legte man den Naschmarkt an.

Geh durch die linke Geschäftszeile mit den vielen Marktständen (in der rechten Zeile befinden sich vor allem Lokale). Ungefähr am Ende des Naschmarktes siehst du auf der rechten Straßenseite zwei Jugendstil-Häuser, die ebenfalls von Otto Wagner gebaut wurden.

Am Eckhaus **Linke Wienzeile 38** siehst du wieder goldene Pflanzenverzierungen: Lorbeerblätter und Palmwedel.

Entdeckst du die vier „Ruferinnen", die das neue Zeitalter des Jugendstils verkünden sollen?

Das Nachbarhaus **Linke Wienzeile 40** sieht nicht so elegant aus wie Nummer 38, denn hier verwendete Otto Wagner kein Gold – dafür aber umso mehr Blumen: Mohnblüten und Sonnenblumen.

Das Besondere an dem Haus ist, dass es mit Fliesen verkleidet wurde. Nach den Majolikafliesen (das sind aus Ton gebrannte, glasierte Fliesen) heißt das Haus **Majolikahaus.**

Warum verwendete Otto Wagner Fliesen?

A: Er hatte die Fliesen kostenlos von einer Fliesenfirma bekommen, die sich dadurch Werbung erhoffte.

B: Er wollte ein modernes, pflegeleichtes Baumaterial verwenden.

C: Es war billiger, verzierte Fliesen zu verwenden, als die ganze Fassade zu bemalen.

Wenn du die beiden Wagner-Häuser mit dem im historistischen Stil (➤ S. 13) gebauten Nachbarhaus Nummer 42 vergleichst, kannst du die Unterschiede zum Jugendstil gut erkennen: Statt Pflanzenmustern findest du dort vor allem Figuren und Säulen.

Gegenüber befindet sich die **U-Bahnstation Kettenbrückengasse.** Auch sie war früher eine Stadtbahnstation, und daher findest du hier wieder die typischen Jugendstil-Pflanzenmuster.

tiPP

Falls du an einem Samstag hier bist, kannst du zum Abschluss über Wiens größten und bekanntesten **Flohmarkt** schlendern, der direkt an den Naschmarkt anschließt.

Hier siehst du eines der bekanntesten Jugendstilbilder: **Adele Bloch-Bauer** von **Gustav Klimt.** Es wurde im Jahr 2006 um angeblich 106,7 Mill. Euro verkauft – der höchste Preis, der bis dahin je für ein Gemälde gezahlt wurde! Das Bild befindet sich heute in New York.

Findest du die Bildausschnitte?

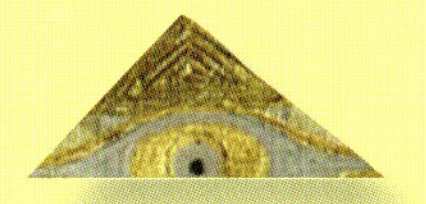

Der **Prater** ist Wiens größte Parkanlage. Weite Teile der Fläche nimmt der **Grüne Prater** mit seinen Wiesen, Spiel- und Sportplätzen ein. Viel bekannter ist aber der **Wurstelprater:** Das ist der Vergnügungspark der Wiener.

???

Woher hat der Wurstelprater seinen Namen?

A: Die Spezialität des ersten Prater-Gasthauses waren Wurstbrote.

B: Die Kasperltheater im Prater waren sehr beliebt, und der Kasperl wurde früher auch „Wurstel" genannt.

C: Hans Wurstel erfand in seinem Prater-Gasthaus 1805 die berühmten Wiener Würstchen.

Im Wurstelprater steht das 65 Meter hohe **Riesenrad,** das ein Wahrzeichen von Wien ist.

Mit der **Liliputbahn** kannst du vier Kilometer durch den Prater fahren.

Riesenradplatz, 2. Bezirk

U1, U2 *Praterstern*

Wurstelprater-Saison: 15. März – 31. Okt

€ *Der Eintritt in den Prater ist frei, du zahlst aber für die Attraktionen im Wurstelprater.*

www.praterservice.at, www.liliputbahn.com, www.wienerriesenrad.com

Das **Hundertwasserhaus** ist wahrscheinlich das bunteste Haus von Wien. Der Wiener Künstler Friedensreich Hundertwasser wollte ein natur- und menschengerechteres Haus bauen – hier siehst du das Ergebnis.

Das Haus ist mit 250 Bäumen und Sträuchern bepflanzt. 52 Wohnungen sind hier untergebracht – und die Mieten sind nicht allzu hoch, denn das Haus ist ein Gemeindebau (➤ S. 11).

Übrigens: Gleich in der Nähe, in der Unteren Weißgerberstraße 13, befindet sich das ebenfalls von Hundertwasser gestaltete **Kunst Haus Wien,** in dem seine Arbeiten ausgestellt sind (Infos unter www.kunsthauswien.com). Und auch die **Müllverbrennungsanlage Spittelau** im 9. Bezirk wurde von Hundertwasser gestaltet.

Ecke Kegelgasse 34 – 38/ Löwengasse 41 – 43 3. Bezirk

1 *Hetzgasse*

www.hundertwasserhaus.info

Weil das Haus ein Wohnhaus ist, kannst du es nur von außen ansehen

UNO-City, Donauturm

UNO ist die Abkürzung für „United Nations Organization", also: „Organisation der Vereinten Nationen". Die UNO hat weltweit vier Hauptbüros, und eines davon befindet sich in Wien: die **UNO-City** (oder „Vienna International Centre"). Mehr als 4.000 Menschen aus über 100 Ländern arbeiten hier.

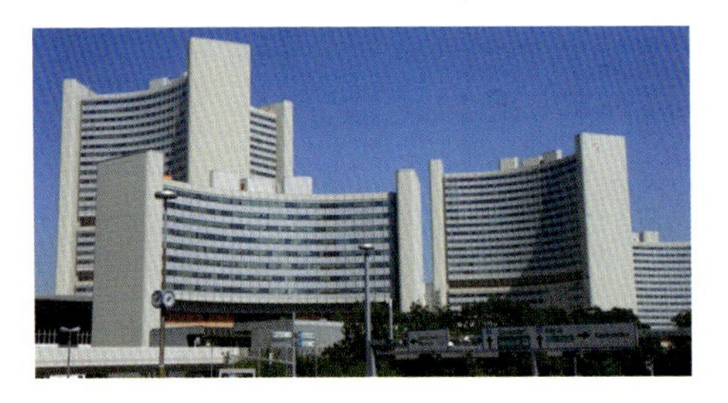

Die UNO mietet das Büro um sieben Cent pro Jahr!

???

Warum ist die Miete so niedrig?

A: Österreich bezahlt dafür keinen UNO-Mitgliedsbeitrag.

B: Bei der Berechnung ist ein Fehler passiert, der Vertrag war aber schon unterschrieben.

C: Das ist ein symbolischer Beitrag.

Wagramer Straße 5, 22. Bezirk

U1 *Kaisermühlen–V.I.C.*

Du kannst die UNO-City nur mit einer Führung besichtigen:

Mo – Fr 11:00 und 14:00 Uhr,
Juli und Aug. auch 12:30 Uhr
(Lichtbildausweis erforderlich)

€ *Eintritt*

www.unvienna.org

Der **Donauturm** wurde vor 50 Jahren als Aussichtsturm gebaut und ist noch immer das **höchste Bauwerk Österreichs.**

???

Wenn du die Ziffern 4, 6 und 8 wegstreichst, erfährst du, wie hoch der Donauturm ist.

68482648645648624 Meter

Du kannst mit dem Aufzug zur Aussichtsterrasse in 150 Metern Höhe fahren. Von dort aus hast du einen tollen Blick über Wien und seine Umgebung. Bei schönem Wetter kannst du bis zu 80 Kilometer weit sehen.

Es gibt auch ein Café, das sich um die eigene Achse dreht. Eine Umrundung dauert meistens 26 Minuten.

Donauturmstraße 4, 22. Bezirk

20B *Donauturm oder Wildbadgasse*
Der Bus fährt leider nicht sehr oft. Wenn du fit bist, kannst du zu Fuß von der UNO-City zum Donauturm gehen.

Lift, Terrasse und Café:
täglich 10:00 – 24:00 Uhr
(letzte Auffahrt 23:30 Uhr)

€ *Lift: Eintritt*

www.donauturm.at

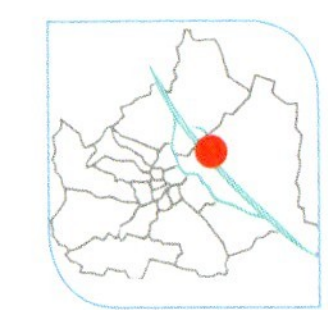

Die **Donau** beeinflusste schon immer das Leben in Wien:
Sie versorgte die Wiener mit Fischen und Krebsen, und durch die Handelsschiffe kam die Stadt zu Wohlstand.
Sie sorgte aber auch für Angst und Schrecken, wenn sie über die Ufer trat und ganze Stadtteile überschwemmte.

Vor 140 Jahren wurden erste Maßnahmen zum **Hochwasserschutz** ergriffen. Doch es stellte sich heraus, dass sie nicht ausreichten. So grub man vor 40 Jahren ein neues Flussbett, das bei Hochwasser die zusätzlichen Wassermengen aufnimmt: die **Neue Donau.** Zwischen den beiden Flussarmen liegt die künstlich aufgeschüttete **Donauinsel.** Sie ist ein beliebtes Freizeitgebiet. Du kannst hier Rad fahren, skaten, schwimmen, surfen, Wasserski und Boot fahren. Außerdem gibt es einen Wasserspielplatz und Sportplätze.

Donauinsel, 21. und 22. Bezirk

U1 *Donauinsel,* **U6** *Neue Donau,* **U2** *Donaustadtbrücke*

Eintritt frei

www.wien.gv.at/umwelt/wasserbau/donauinsel

In Wien gibt es **796 Spielplätze!** Im Zentrum der Stadt befinden sich aber nur wenige, und zwar:

1. im Stadtpark (auf dem rechten Wienflussufer)
2. am Karlsplatz
3. im Rathauspark (in der Nähe der Universität)
4. hinter der Börse am Börseplatz
5. am Rudolfsplatz

Eine Liste der Wiener Spielplätze findest du unter www.wien.gv.at/stadtplan
Setze den Haken bei *Kultur und Freizeit* und dann bei *Spielplatz.*

Einige Museen

Wien Museum Karlsplatz

Die Wiener Stadtgeschichte

Karlsplatz 8, 4. Bezirk

U1, U2, U4 *Karlsplatz*

Di – So und Feiertag 10:00 – 18:00 Uhr

€ *Eintritt*
Für Kinder und Jugendliche unter 19 Jahren ist der Eintritt frei.
An jedem 1. Sonntag im Monat ist der Eintritt für alle Besucher frei.

www.wienmuseum.at

Kunsthistorisches Museum

Sehr viel Kunst und alte Mumien

Maria-Theresien-Platz, 1. Bezirk

U2 *Museumsquartier,* **U3** *Volkstheater*

D, 1, 2 *Burgring*

Di – So 10:00 – 18:00 Uhr
Do 10:00 – 21:00 Uhr
2013: Juni – Aug. auch Mo 10:00 – 18:00

€ *Eintritt*
Für Kinder und Jugendliche unter 19 Jahren ist der Eintritt frei.

www.khm.at

Naturhistorisches Museum

Dinos und Co

Maria-Theresien-Platz, 1. Bezirk

U2 *Museumsquartier,* **U3** *Volkstheater*

D, 1, 2, 46, 49 *Dr.-Karl-Renner-Ring*

Mo 9:00 – 18:30 Uhr, Mi 9:00 – 21:00 Uhr
Do – So 9:00 – 18:30 Uhr

€ *Eintritt*
Für Kinder und Jugendliche unter 19 Jahren ist der Eintritt frei.

www.nhm-wien.ac.at

ZOOM Kindermuseum

Ein ganzes Museum für Kinder

Museumsplatz 1, 7. Bezirk (im MuseumsQuartier)

U2 *Museumsquartier,* **U3** *Volkstheater*

Di – So, alle Programme haben fixe Beginnzeiten. Reservierung wird empfohlen: Tel. 01/524-79-08

€ *Eintritt*

www.kindermuseum.at

Technisches Museum

Technik, Technik, Technik – auch zum Angreifen

Mariahilfer Straße 212, 14. Bezirk

52, 58 *Penzinger Straße, Anschützgasse*
10 *Johnstraße/Linzer Straße*

Mo – Fr 9:00 – 18:00 Uhr
Sa, So, Feiertag 10:00 – 18:00 Uhr

€ *Eintritt*
Für Kinder und Jugendliche unter 19 Jahren ist der Eintritt frei.

www.tmw.ac.at

Heeresgeschichtliches Museum

Rüstungen, Uniformen, Waffen

Arsenal, Objekt 1, 3. Bezirk

O, 18 *Fasangasse*

69A *Arsenal*

täglich von 9:00 – 17:00 Uhr

€ *Eintritt*
Für Kinder und Jugendliche unter 19 Jahren ist der Eintritt frei.
An jedem 1. Sonntag im Monat ist der Eintritt für alle Besucher frei.

www.hgm.or.at

Natürlich gibt es viel mehr Museen in Wien!
Du findest sie unter www.wien.gv.at/ma53/museen

Ein bisschen Wienerisch

In Wien lebten schon immer Menschen aus den verschiedensten Ländern, und so hat der **Wiener Dialekt** viele Wörter aus anderen Sprachen übernommen.

Dein Freund ist in Wien dein **Haberer,** mit dem du hoffentlich eine **Gaude** (Spaß) hast. Wenn er Scherze macht, führt er **Schmäh,** wenn ihm nichts peinlich ist, hat er **keinen Schenierer,** und wenn er etwas cool findet, ist es **leiwand.**

Wenn du Hunger hast, gehst du vielleicht ins **Beisl:** Das ist ein kleines Wirtshaus. Hier gibt es Speisen der **Wiener Küche,** zum Beispiel **Wiener Schnitzel** oder **Schinkenfleckerl** (überbackene Schinkennudeln).
Wenn dir das Essen schmeckt, dann ist es **gschmackig** – aber wenn jemand sagt: **Na das schaut aber gschmackig aus!,** dann findet er es unappetitlich.
Wenn du etwas Süßes essen möchtest, dann bestell doch einen **Kaiserschmarrn mit Zwetschkenröster:** Das ist eine Süßspeise aus Eiern, Mehl, Milch und Zucker mit gerösteten Zwetschken. Oder du isst **Palatschinken** (Pfannkuchen) oder **Powidltascherln.** Powidl ist Zwetschkenmus – aber wenn jemand sagt: **Das ist mir powidl,** dann meint er, dass es ihm egal ist.

Vielleicht besuchst du auch ein **Wiener Kaffeehaus.** Wie wär's mit einem Stück **Sachertorte** (Schokoladentorte mit Marillenmarmelade und Schokoladenglasur) oder **Apfelstrudel?**

Und wenn du zum **Würstelstand** gehst, frag nicht nach Wiener Würstchen – die heißen hier nämlich **Frankfurter.** Probier doch eine **Burenwurst** oder eine **Käsekrainer.**

Wenn du in Wien mit der Straßenbahn unterwegs bist, fährst du mit der **Bim.** Wenn du den Fahrschein entwertest, **zwickst** du ihn, und falls du das vergisst, begegnet dir hoffentlich kein **Schwarzkappler** (Fahrscheinkontrolleur).

Nach einem Tag Wien-Besichtigung hast du sicher einen ordentlichen **Hatscher** (einen langen Fußmarsch) hinter dir und bist wahrscheinlich **matsch** oder **kapores** (erschöpft).

Im Wienerischen gibt es natürlich auch viele Schimpfwörter – zwei wollen wir dir verraten: **Fetzenschädl** und **Nudelaug** (beide Ausdrücke bedeuten Dummkopf).

???

Und wie nennen die Wiener einen unsympathischen Menschen?

__ __ __ __ __ __ __

➛ ☆ ✆ ➛ ✱ ☎ ✿

E = ☛ G = ✆ L = ✿ N = ☆
T = ☎ S = ✱ U = ➛ Z = ✐

Lehrer: „Wenn Mozart heute noch leben würde, wäre er dann genauso berühmt?" Tim: „Er wäre noch viel berühmter, denn dann wäre er über 250 Jahre alt."

* * *

Im Schönbrunner Tiergarten ist ein Elefant gestorben. Ein Tierpfleger sitzt trübsinnig in einer Ecke. Fragt ein anderer mitfühlend: „War er dein Lieblingstier?" – „Nein, aber ich muss das Grab buddeln."

* * *

Anna möchte mit ihrem Schlauchboot zur Donauinsel fahren. Lukas sagt: „Damit kannst du doch nicht mehr ins Wasser! Das hat ja lauter Löcher!" – „Ach was, die Löcher sind alle unter Wasser. Die sieht keiner."

* * *

Auf der Donauinsel: „Ist das Ihr Sohn, der da gerade meine Luftmatratze aufschlitzt?" – „Nein, mein Sohn ist der dort drüben, der gerade in Ihren Picknickkorb pinkelt."

* * *

„Wegen dieser blöden Postkarte habe ich jetzt die 343 Stufen raufsteigen müssen", beschwert sich der Briefträger beim Turmwächter des Stephansdoms.
„Wenn du weiter schimpfst", antwortet der Turmwächter, „dann bestelle ich morgen eine Tageszeitung!"

* * *

Mitzi darf mit ihren Eltern in die Staatsoper gehen. Während der Vorstellung flüstert sie: „Mama, warum droht der Mann da vorn der Frau auf der Bühne mit dem Stock?" Die Mutter flüstert zurück: „Er droht ihr nicht, er dirigiert." – „Und warum schreit sie dann so?"

* * *

„Du fährst Fiaker!", sagt Fanny bewundernd. „Das stelle ich mir total schwierig vor. Hast du noch nie einen Unfall gehabt?" – „Ach, nur ganz wenige. Und die waren nicht der Rede wert." – „Und seit wann fährst du Fiaker?" – „Seit gestern Mittag."

* * *

Kurz nach Schulanfang wird Florians Mutter vom Geschichtelehrer vorgeladen: „Ich habe noch nie einen so schlechten Schüler gehabt. Er weiß nicht einmal, wann das Kaiserreich aufgelöst wurde!" Die Mutter nimmt ihren Sohn in Schutz: „Dafür kann er wirklich nichts. Wir waren den ganzen Sommer auf der Almhütte. Da gab's weder Radio noch Zeitungen."

„Lieber Gott", betet Lisa vor dem Schlafengehen, „bitte mach, dass Maria Theresia die Mutter von Kaiser Franz Joseph ist. Das habe ich nämlich heute beim Geschichte-Test geschrieben …"

* * *

Der kleine Pepi sagt zu seinem Vater: „Papa, an der Tür steht ein Mann, der ist so groß wie der Donauturm." Der Vater weist ihn zurecht: „Ich habe dir schon mindestens zehn Millionen Mal gesagt, dass du nicht immer so übertreiben sollst!"

* * *

Im Kaffeehaus serviert der Ober dem Herrn Hofrat das Frühstück. Sie plaudern kurz, und der Ober sagt: „Sieht heute leider nach Regen aus." Darauf der Hofrat: „Ja, aber am Geruch merkt man, dass es Kaffee ist."

* * *

Graf Bobby und Graf Rudi sind alte Wiener Witzfiguren:

Graf Bobby will Graf Rudi über den Donaukanal rudern. Er sitzt im Boot und rudert wie ein Wahnsinniger. Nach fünf Minuten fragt er schweißgebadet: „Sind wir noch immer nicht da?" – „Nein", sagt da Graf Rudi. „Vielleicht solltest du erst einmal das Boot losbinden."

* * *

Graf Bobby fährt mit dem Taxi zum Westbahnhof. Als sie ankommen, sagt der Taxifahrer: „Das macht 25 Euro." Darauf Graf Bobby: „Oh, könnten Sie mich bitte wieder ein Stück zurückfahren? Ich habe nur 20 Euro dabei."

* * *

Graf Bobby fährt im Prater Riesenrad. Graf Rudi kommt vorbei, sieht ihm zwei Stunden lang zu und ruft dann: „Willst du nicht aussteigen?" – „Ich denk nicht dran", antwortet Graf Bobby. „Der Riesenradbesitzer schuldet mir 100 Euro. Und ich fahre jetzt so lange, bis ich mein Geld eingefahren habe."

* * *

Graf Bobby und Graf Rudi sitzen im Kaffeehaus und lesen Zeitung. Graf Rudi berichtet: „Da steht, dass ein blinder Passagier eine Weltreise mit einem Kreuzfahrtschiff gemacht hat." – „Das muss ein toller Bursche sein", meint Graf Bobby. „Schade, dass er blind ist."

Wien-Quiz

Für Wien-Kenner!
Wenn du die richtigen Buchstaben an der vorgesehenen Stelle einsetzt, erhältst du den Lösungssatz.

Wie hieß das römische Lager, das sich in Wien befand?
Virunum .... W
Lutetia I
Vindobona .... E

4

Welche Familie regierte Österreich 640 Jahre lang?
Babenberger .... W
Wittelsbacher .... E
Habsburger .... R

11

Was befand sich früher „Am Hof"?
Wiens älteste Kirche ..... W
das Hoftheater .... A
der Herzogshof der Babenberger .... S

1

Welches ist ein berühmtes Wiener Sagentier?
Drache .... W
Einhorn .... A
Basilisk L

20

In welchem Stil ist der Stephansdom gebaut?
Jugendstil .... B
Gotik .... A
Barock .... U

6

Wer arbeitete am Stephansdom?
Otto Wagner .... A
Anton Pilgram L
der liebe Augustin .... T

8

Wie lautet der Spitzname einer bekannten Wiener Heiligenfigur?
Zahnweh-Herrgott .... Ö
Kopfweh-Mitzi .... S
Fieber-Friedl I

21

Wie heißt das Schloss des Prinzen Eugen?
Belvedere .... H
Gloriette .... O
Neue Burg .... F

14

Wer war Österreichs berühmteste Herrscherin?
Maria Theresia .... P
Viktoria I
Marie Christine .... A

3

Wer gründete den Tiergarten Schönbrunn?
Maria Theresia I
Franz Stephan C
Franz Joseph .... H

13

Wie heißt das Sommerschloss der Habsburger?
Schönbrunn .... G
Hofburg .... U
Belvedere .... T

17

Wie viele Kinder hatte Maria Theresia?
11 .... K
16 I
21 .... D

16

Wie heißen die Pferde der Spanischen Hofreitschule?
Abessinier .... H
Lipizzaner .... E
Danubier .... U

9

Wie heißt ein berühmter Tanz?
Wiener Polka .... H
Wiener Landler I
Wiener Walzer .... T

15

Was ließ Franz Joseph abreißen?
das alte Rathaus .... T
die Hofställe .... O
die Stadtmauer .... R

5

In welchem Kunststil sind die meisten Gebäude an der Ringstraße gebaut?
Barock .... M
Historismus I
Jugendstil X

12

Wie heißt das Ausstellungsgebäude der Jugendstil-Künstler?
Majolikahaus .... N
Secession .... E
Gloriette .... U

19

Wie heißt Wiens Vergnügungspark?
Praterrummel .... F
Wurstelprater .... U
Grüner Prater .... N

2

Welche Organisation hat einen Hauptsitz in Wien?
Rotes Kreuz .... O
EU .... R
UNO .... G

18

Wie viele Menschen leben in Wien?
898.000 .... O
1,3 Millionen .... R
1,7 Millionen .... T

23

Wie viele Bezirke hat Wien?
12 .... E
23 L
34 .... F

7

Welches Museum besitzt 25 Millionen Ausstellungsstücke?
ZOOM Kindermuseum .. M
Kunsthistor. Museum .... U
Naturhistor. Museum ..... S

10

Wo verbringen die Wiener gern ihre Freizeit?
auf der Donauinsel .... S
im Wienpark .... E
am Römerberg .... E

22

Lösungssatz:

_ _ _ _ _, _ _ _ _ _ _ _ _ _ _ _ _ _ _ _ _ _ _ _!
1 2 3 4 5 6 7 8 9 10 11 12 13 14 15 16 17 18 19 20 21 22 23

Suchrätsel

Findest du die 12 Doppeladler, die sich im Buch versteckt haben?

Außerdem haben sich versteckt:

- ❒ ein Kleiderbügel
- ❒ fünf Pinsel
- ❒ ein Hammer
- ❒ wilde Tiere
- ❒ ein blau-weißes Zelt
- ❒ der Mond
- ❒ eine Ratte
- ❒ noch eine Ratte
- ❒ eine Hellebarde
- ❒ ein goldenes Denkmal
- ❒ eine Blumenvase
- ❒ ein Stück Käse
- ❒ eine Leiter
- ❒ ein dreiarmiger Kerzenleuchter
- ❒ und noch ein dreiarmiger Kerzenleuchter
- ❒ eine Kuh
- ❒ zwei Totenschädel
- ❒ ein Kaktus

Seite 4:

Seite 15: Alle drei Antworten sind richtig! (Bei den folgenden Fragen stimmt aber immer nur eine Antwort.)

Seite 21:

Seite 23: Antwort B. Rechts vom Riesentor kannst du erkennen, wo sich der zweite Haken befand. Hier ist sogar noch ein Stück der Metallbefestigung vorhanden.

Bis vor einiger Zeit glaubte man übrigens wirklich, dass der Kreis die Mindestgröße für Brot anzeigte.

Und auch die Widerstandskämpfer haben ihr Zeichen am Stephansdom angebracht. Allerdings nicht den Kreis, sondern rechts vom Riesentor das Zeichen „O5“: O steht für den Buchstaben „O“ und 5 für den 5. Buchstaben im Alphabet, also „E“. „OE“ ist die Abkürzung für **OE**STERREICH.

Seite 25:

- Antwort A
- Sie dienen bei Regen als Wasserspeier.

Seite 26: Antwort B

Seite 29:

- Antwort B
- Er befindet sich links unten im Bild.

Seite 30:

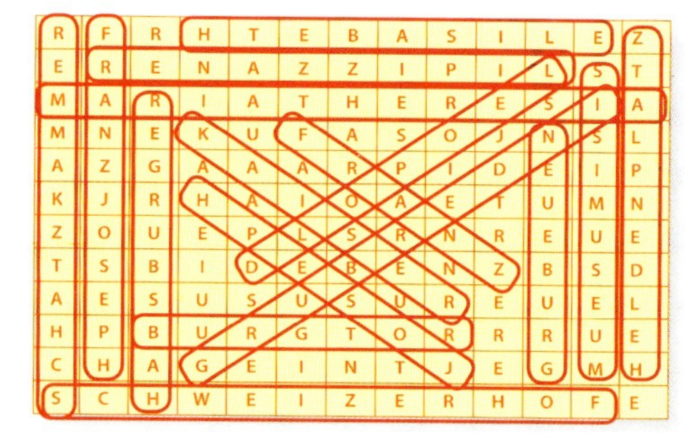

Seite 31: Antwort B

Lösungen

Seite 32:
- Auf dem linken Bild sitzt Franz auf dem Pferd, auf dem Bild in der Mitte sitzt er in der Kutsche, und auf dem rechten Bild steigt er aus der Kutsche.
- Antwort C. Franz Joseph empfing an einem Vormittag durchschnittlich 100 Personen! Deshalb dauerten die einzelnen Audienzen nur sehr kurz. Man schätzt, dass Franz Joseph während seines Lebens circa 250.000 Audienzen gegeben hat.

Seite 33: Antwort A

Seite 34: Der Hase befindet sich im zweiten Ankleidezimmer. Er sitzt im linken Eck des zweiten Bildes rechts von der Ausgangstür.

Seite 35: Antwort A

Seite 36: Antwort B. Du siehst noch Teile des alten Burggrabens.

Seite 37: Die Augustinerkirche befindet sich am Eck Josefsplatz/Augustinerstraße. Sie ist nur schwer zu entdecken, weil man den Kirchturm vom Josefsplatz aus nicht sieht. Aber an der Kirchenwand sind die goldenen Buchstaben „Augustinerkirche" angebracht.

Seite 40:
- Antwort B
- Das ehemalige Zeughaus befindet sich Am Hof 10. Du erkennst es an den Waffen und Rüstungen an der Hauswand.

Seite 41: Antwort A. Nur ein kleiner Glockenturm war erlaubt. Du wirst ihn gleich auf der Rückseite der Kirche sehen.

Seite 42: Antwort A

Seite 44:
- Pawlatschen
- Hahn, Kröte

Seite 45: Die Hinweise sind der Kirchturm und das Kloster-Wappen über dem Fenster im 2. Stock.

Seite 47: Antwort B

Seite 49: Antwort B

Seite 50: Franz Stephan sitzt auf dem Podest unter dem Baldachin. Maria Theresia sitzt im weißen Kleid links im Bild.

Seite 51: Antwort B. Weil im Toilette-Zimmer auch der Leibstuhl stand, bürgerte sich später der Name „Toilette" fürs WC ein.

Seite 52:
- Die Uhrzeit lässt sich auch im Spiegel ablesen, weil das Ziffernblatt auf der Rückseite der Uhr spiegelverkehrt ist.
- Antwort A

Seite 54: Antwort B

Seite 56:

Seite 57: Antwort A

Seite 59: Antwort C

Seite 60: Antwort B. Die Kuppel besteht aus circa 3.000 Lorbeerblättern und 700 Lorbeerbeeren.

Seite 61:
- Die vier Ruferinnen befinden sich auf dem Dach des Hauses.
- Antwort B

Seite 62:

Seite 63: Antwort B

Seite 64:
- Antwort C. Die Miete betrug bis zur Einführung des Euro einen Schilling (das war die frühere österreichische Währung) pro Jahr. Das sind umgerechnet 7,27 Cent. Österreich war sehr stolz darauf, dass die UNO ihr Büro in Wien einrichtete.
- 252 Meter

Seite 67: Ungustl

Seite 70 – 71:
- Vindobona
- Habsburger
- der Herzogshof der Babenberger
- Basilisk
- Gotik
- Anton Pilgram
- Zahnweh-Herrgott
- Belvedere
- Maria Theresia
- Franz Stephan
- Schönbrunn
- 16
- Lipizzaner
- Wiener Walzer
- die Stadtmauer
- Historismus
- Secession
- Wurstelprater
- UNO
- 1,7 Millionen
- 23
- das Naturhistorische Museum
- auf der Donauinsel

Lösungssatz: Super, alles richtig gelöst!

Seite 72:
- Doppeladler: Titelbild, S. 7, S. 9, 10, 11, 20 (auf dem Kriegsministerium), 21, 28, 30, 35, 51, 67
- ein Kleiderbügel: S. 32
- fünf Pinsel: S. 55
- ein Hammer: S. 38
- wilde Tiere: S. 31
- ein blau-weißes Zelt: S. 8
- ein Mond: S. 46
- zwei Ratten: S. 39 und S. 46
- eine Hellebarde: S. 49
- ein goldenes Denkmal: S. 19
- eine Blumenvase: S. 34
- ein Stück Käse: S. 39
- eine Leiter: S. 41
- zwei dreiarmige Kerzenleuchter: S. 10 und S. 35
- eine Kuh: S. 44
- zwei Totenschädel: S. 46
- ein Kaktus: S. 11

Register

Mitglieder der Familie Habsburg sind blau gedruckt.

Bildnachweis:
IMAGNO/Austrian Archives: 62
Schloß Schönbrunn Kultur- und Betriebsges.m.b.H.: 4, 48 o. (Fotograf: Alexander Eugen Koller), 56
Wiener Linien: 80
Elke Wikidal: 12 o.l., 12 u.l., 13 o.l., 17 u.M., 20 u.M., 22, 58 r., 61 o., 62 o., 63 l., 64 l., 64 r.
www.fotolia.com: photo 5000: 14; Waldteufel: Titelbild

Alle anderen Fotos: Verlag Lonitzberg

Die Angaben in diesem Buch wurden nach bestem Wissen erstellt und sorgfältig überprüft. Dennoch können sich Fehler eingeschlichen oder Öffnungszeiten u.ä. geändert haben. Wir bitten, dies zu berücksichtigen.

Für Hinweise und Korrekturen sind wir dankbar: info@lonitzberg.at

Ebenfalls erhältlich:

Venedig für dich!
Der Reiseführer mit Comics und Rätseln
2., überarbeitete und aktualisierte Auflage 2012
ISBN: 978-3-9503094-1-6

Die Reihe wird fortgesetzt.

U1 U-Bahn-Linie
S 1 S-Bahn-Linie
CAT City Airport Train
Lokalbahn Wien–Baden
vib International Vienna International Busterminal
Kundenzentrum der Wiener Linien (U3 Erdberg)
Informationsstelle der Wiener Linien
Tickets-Verkaufsstelle der Wiener Linien
P+R Park & Ride
S40
Nußdorf
S3
S5
Strebersdo
Jedlers
Heiligenstadt
U4
Oberdöbling
Neue Donau
Krottenbachstr.
Spittelau
Jäger-straße
Handelskai
Dresdner Straße
Gersthof
Nußdorfer Straße
Währinger Straße-Volksoper
Friedensbrücke
Michelbeuern-AKH
S40
Franz-Josefs-Bahnhof
Roßauerlände
Alser Straße
Hernals
Schottenring
Tabor
Ottakring
U3
Josefstädter Straße
Nest
Kendlerstraße
Schottentor
Hütteldorfer Straße
Thaliastraße
Schwedenplatz
John-straße
Burggasse-Stadthalle
Rathaus
Breitensee
Schwegler-straße
Zieglerg.
Herrengasse
Penzing
Westbahnhof
Volks-theater
Stephansplat
S50
Neubaug.
Purkersdorf-Sanatorium
Weidlingau
Hadersdorf
Wolf in der Au
S45
S15
Gumpendorfer Straße
Museums-quartier
Unter St. Veit
Braunschweig-gasse
Margareten-gürtel
U2
Karlsplatz
S50
U4
Hütteldorf
Ober St. Veit
Hietzing
Schönbrunn
Meidling Hauptstraße
Längenfeldg.
Pilgram-gasse
Kettenbrücken-gasse
Niederhof-straße
Taubstummen-gasse
Speising
Philadelphiabr. (Bhf. Meidling)
Matzleinsdorfer Platz
Südtiroler Platz
Südbahnhof S-Bahn
Hetzendorf
Tscherttegasse
Schedifkaplatz
Keplerplatz
Am Schöpfwerk
Schöpfwerk
Atzgersdorf
Gutheil-Schoder-Gasse
U6
Alterlaa
Inzersdorf Personenbahnhof
Inzersdorf
Erlaaer Straße
Neu Erlaa
Liesing
Perfektastraße
Schönbrunner Allee
Blumen
Vösendorf-Siebenhirten
S9
U6
Siebenhirten
WLB Wiener Neudorf, Baden (Endstation)